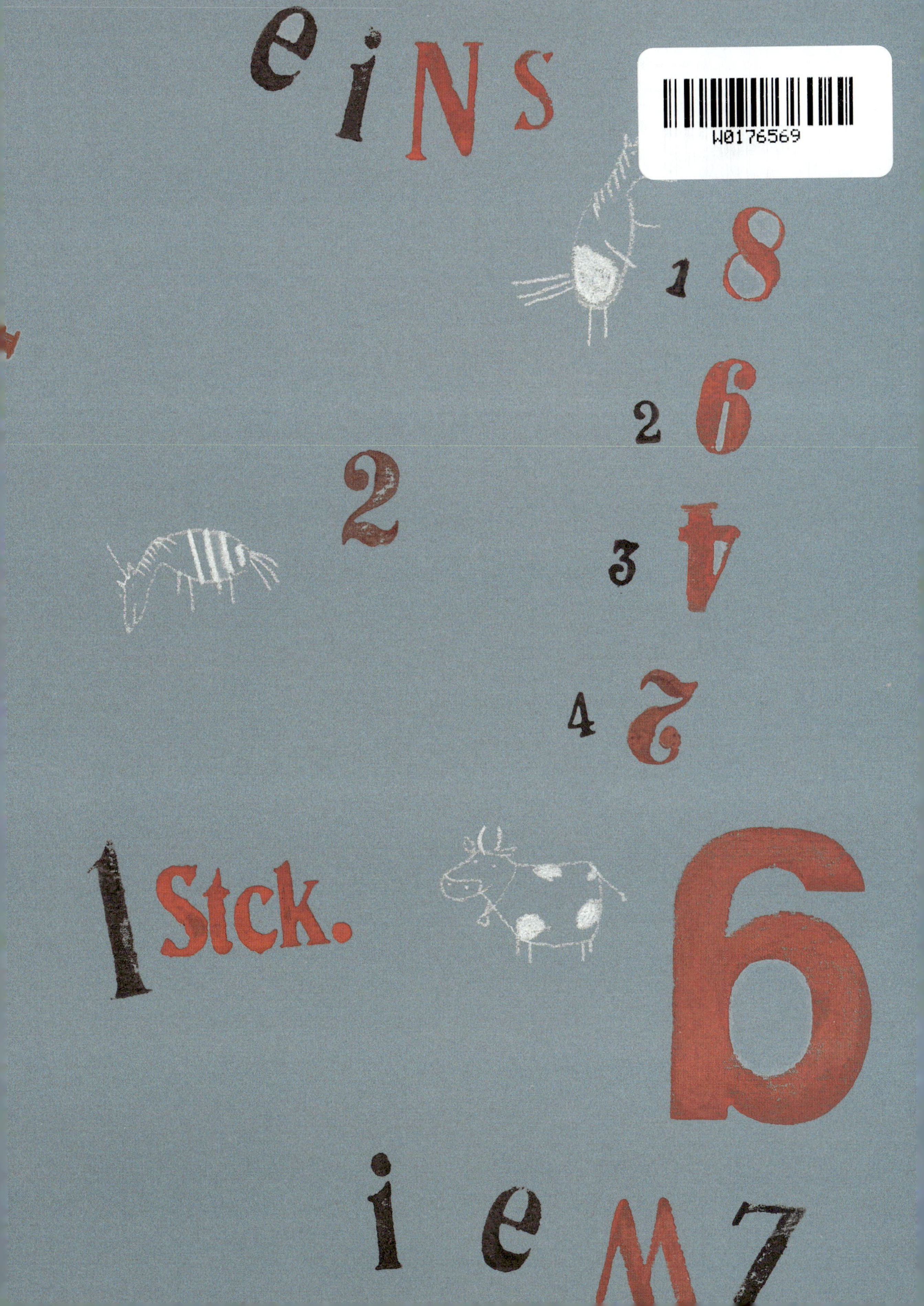

eiNs

W0176569

1 8

2 6
   9

2

3 4

4 2

1 Stck.

6

iew

Es war einmal ein Zweihorn

Hedwig von Bülow

geboren in Neumünster, widmet sich seit ihrem Studium
der niederländischen Sprache und Literaturübersetzung
intensiv der europäischen Kinder- und Jugendliteratur.
Seit 15 Jahren ist sie als Übersetzerin tätig und organisiert
Ausstellungen niederländischer und flämischer
Illustrationskunst. Sie lebt in Meerbusch bei Düsseldorf,
hat zwei Töchter und einen Enkelsohn.

Sybille Hein

wurde 1970 in Wolfenbüttel geboren und studierte
Illustration an der Fachhochschule für Gestaltung in
Hamburg. Seit 1999 illustriert sie erfolgreich Kinderbücher
und zeichnet für Magazine und Frauenzeitschriften. Sie
lebt und arbeitet in Berlin.

In diesem Buch hat
sich ein Wort versteckt.
Findest du es?

Inhalt

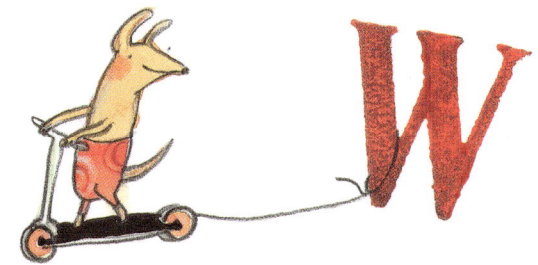

Vorwort

Es war einmal … diese vertraute Eingangsformel führt uns in eine Geschichte, die von einem eingebildeten Zweihorn erzählt und von Herrn Müller, der so neugierig ist, dass er immer wieder um die nächste Ecke geht. Neugier ist es auch, was Kinder bewegt, wenn sie die Welt der Buchstaben, Wörter und Zahlen entdecken. Solange sie noch nicht selbst lesen können, brauchen sie andere, die ihnen vorlesen. Am besten Menschen, die sich die gute Eigenschaft, neugierig zu sein, bewahrt haben. Gemeinsames Schmökern in einem Buch gehört sicher zum Schönsten, was Erwachsene und Kinder miteinander erleben können.

Dem kleinen und großen Leserpublikum gewidmet, haben renommierte Autoren aus den deutschsprachigen Ländern für dieses Buch neue Geschichten und Gedichte geschrieben: Lustiges, damit man lachen kann. Poetisches mit Witz und Wortspiel. Ernstes, das nachdenklich stimmt. Rätsel und Teekessel für findige Köpfe.

Und für jene, die gerne um die Ecke gehen und weiter noch über Sprachgrenzen hinweg, gibt es Poesie und Geschichten aus vielen anderen europäischen Ländern – ausgewählte Beispiele für die Vielfalt der Kinderliteratur in Europa. Im Hinblick auf den ersten spielerischen Umgang mit einer Fremdsprache sind einige kurze Gedichte auch im Original abgedruckt. Dann noch ein besonderer Spaß für Sprachakrobaten: Schnellsprüche in Deutsch, Plattdeutsch, Polnisch, Türkisch, Dänisch und anderen Sprachen. Aber bitte nicht die Zunge brechen!

Zu einem Kinderbuch gehören Illustrationen, die den Text anschaulich machen. Es steckt jedoch noch mehr darin: Was der Text nur andeutet, kann im Bild erzählt werden – oder umgekehrt. Sybille Hein hat die verschiedenartigen Texte zu einer bildlichen Einheit verbunden. In ihren Bildern gibt es viel zu entdecken, überraschende Details und ausgefallene Dinge, auch Buchstaben, Wortfragmente und Zahlen, die in den ersten Schuljahren eine bedeutsame Rolle spielen. Bilder machen neugierig auf die dazugehörigen Geschichten und Gedichte. Sie verführen zum Lesen.

Hedwig von Bülow

Komm

Ich hab ein Land in meinem Kopf,
da sind Geschichten drin.
Und immer, wenn ich einsam bin,
dann flücht ich mich dahin.

Ich hab ein Land in meinem Kopf
mit Farben, bunt und schön.
Da kann ich, wenn ich traurig bin,
mir Bilder malen gehn.

Ich hab ein Land in meinem Kopf
mit Tönen, laut und leis.
Da spiel ich mir ein kleines Lied,
wenn ich nicht weiterweiß.

Das Land in meinem Kopf ist groß.
Da passt auch du noch rein.
Wir wären traurig oder froh,
doch nicht mehr so allein.

INGE MEYER-DIETRICH

Eines Tages

In meinem Kopf flog ein Gedicht,
das kann ich nicht vergessen.
Es ist tief in mein Herz gerutscht
und hat sich festgesessen.

Da sitzt es nun und reimt sich sehr
und wünscht sich neue Zeilen.
Jedoch das Reimen fällt mir schwer,
ich kann mich nicht beeilen.

Nun sitz ich fest und brauche Zeit
zum Denken und zum Dichten.
Und manchmal denke ich zu weit,
dann werden es Geschichten.

INGE MEYER-DIETRICH

Ein Loch für Mäuse

Das Loch in der Wand hinter dem Schuhschrank kenne ich schon lange. Es ist älter als der Schuhschrank selber. Kann sogar sein, dass der Schuhschrank überhaupt nur wegen des Lochs da steht. Denn eigentlich benutzt ihn keiner.

Na ja, ein Loch ist ein Loch. Nicht besonders aufregend. Egal, ob es im Strumpf, im Käse oder in einer Wand ist. Man stopft es zu, isst es einfach mit oder lässt es in Ruhe.

Habe ich auch gedacht. Aber dann habe ich den Film gesehen. Den mit den schlauen Mäusen. Ich hab gesehen, wo Mäuse wohnen: genau in solchen Löchern wie bei uns hinterm Schuhschrank.

In unserem Loch wohnt aber keine.

»Wo sind denn die Mäuse, die hinter dem Schuhschrank gewohnt haben?«

Mama versucht gerade, einen Soßenfleck aus ihrer Bluse zu reiben.

»Die sind ausgezogen«, sagt sie nur.

»Kommen die nicht zurück?«

Mama schüttelt den Kopf und reibt weiter.

»Steht die Mäusewohnung leer?«

»Allerdings.« Mama seufzt. »Die Bluse kann ich gleich wieder waschen.«

Als würde sie die Mäusewohnung überhaupt nicht interessieren.

Mich hat sie aber interessiert.

Wir haben auch einen Nistkasten im Garten. Da sollten eigentlich Stare einziehen. Aber die Stare wollen nicht bei uns wohnen.

Wir haben also zwei freie Wohnungen: eine für Stare und eine für Mäuse. Komisch, dass keiner bei uns wohnen will. So schlimm finde ich uns eigentlich gar nicht. Mein Bruder Rafael nervt natürlich. Aber wir würden unseren Staren und Mäusen bestimmt immer was zu essen abgeben.

Ich habe Rafael gefragt, ob wohl viele Mäuse auf der Straße leben und keine Wohnungen finden. Er hat gesagt, hier in der Stadt bestimmt, weil es ja schwierig ist, schöne Mauselöcher in den harten Straßenbelag zu graben.

»Wenn die Mäuse wüssten, dass wir eine freie Wohnung haben, würden sie bestimmt herkommen«, habe ich gesagt.

»Bestimmt.« Rafael hat gegrinst und wieder in seinen blöden Computer geguckt. Ich glaube, er interessiert sich nur für Computermäuse.

Es war klar, dass ich die Mäuse für die Wohnung alleine fangen musste.

Ich weiß schon lang, wo es Mäuse gibt: nämlich im Park. Im Herbst raschelt es überall im Laub, wenn man auf den Parkwegen Fahrrad fährt. Manchmal sind es Amseln, die im Laub herumhüpfen. Aber meistens rascheln Mäuse. Wenn man Glück hat, kann man eine sehen. Sie sind so niedlich. Ich wusste auch, dass man Mausefallen kaufen kann, die wie kleine Käfige aussehen. Wenn die Maus auf der einen Seite reinhuscht, geht hinter ihr eine Klappe zu. Und dann kann sie nicht mehr raus. Sie geht aber nur rein, wenn man vorne etwas Leckeres reinhängt.

Ich habe von meinem Taschengeld so eine Mausefalle gekauft, ein bisschen Käse aus dem Kühlschrank genommen – den mit den Löchern, ich glaube, den mögen Mäuse am liebsten – und die Falle in den Park unter einen Busch gestellt. Mama und Papa habe ich nichts verraten. Es sollte eine Überraschung sein.

Und am gleichen Abend war schon eine Maus in der Falle! Die hat bestimmt ganz dringend was zu essen und eine Wohnung gebraucht. Es war eine ganz besonders niedliche Maus, die war gar nicht scheu. Ich hab sie aber nicht gestreichelt, sondern in der Falle nach Hause getragen. Ich hab sie unter den Schuhschrank geschoben, das Türchen aufgemacht und schwups, war sie schon in ihrem neuen Loch verschwunden.

Ich habe gedacht, das Loch ist groß genug für zwei, und deswegen habe ich am nächsten Tag im Park noch eine Maus gefangen. Die war nicht so zutraulich und hat wild am Gitter genagt.

»Keine Angst. Ich hab doch eine Wohnung für dich«, habe ich gesagt.

Die zweite Maus ist auch ganz schnell ins Loch geflitzt, und das war gut so, weil Mama und Papa gerade nach Hause kamen.

Weil Mama und Papa dann nicht mehr weggegangen sind, konnte ich den Mäusen keinen Käse mehr hinlegen. Ich habe mir vorgenommen, dass ich um Mitternacht aufstehe und sie füttere. Aber dann habe ich doch verschlafen.

Kein Wunder, dass die Mäuse Hunger hatten.

Ich weiß auch nicht, warum Papa so geschrien hat, nur weil morgens eine Maus auf dem Tisch saß. Na ja, Papa ist ein Morgenmuffel und kann um diese Zeit noch nicht so viele Überraschungen vertragen.

Ich bin schnell in die Küche gerannt um alles zu erklären. »Die wohnen jetzt hier!«, habe ich gesagt. »Im alten Mauseloch. Das war doch ganz unbewohnt. Und die armen Stadtmäuse brauchen dringend Wohnungen und was zu essen.«

Papa hat immer noch nach Luft geschnappt. Die Maus war längst verschwunden. Mäuse mögen es auch nicht, wenn man so schreit.

»Es sind sogar zwei«, habe ich stolz gesagt. »Weil es einer allein nämlich langweilig ist.«

»Dich hat wohl der wilde Watz gebissen«, hat Papa nur noch gesagt und in den Flur zum Schuhschrank geschielt. »Wir sind doch hier kein Mietshaus für Mäuse.«

»Aber die sind doch ganz klein«, habe ich erklärt. »Die brauchen doch nicht viel Platz.«

Da hat Papa mir einen Vortrag darüber gehalten, dass aus zwei Mäusen ganz schnell Hunderte und Tausende von Mäusen werden und dann die ganze Wohnung voll ist und die überall rumwuseln und alles annagen und wir dann selber nicht mehr hier wohnen können.

Ehrlich gesagt, das hat mir nicht so gut gefallen. Es war eigentlich nicht geplant, dass Papa, Mama, Rafael und ich in den Park ziehen müssen, wenn die Mäuse eingezogen sind.

Soll

NR. 4

Möbel Paul

»Du fängst diese Mäuse wieder ein.« Papa hat mir fest in die Augen gesehen. Das macht er immer, wenn er irgendwas besonders ernst meint. »Und dann bringst du sie zurück in den Park.«

»Aber da haben sie keine Wohnung«, habe ich gejammert. »Im Winter ist es ganz kalt und es gibt nichts zu essen und manchmal sind da auch Katzen.«

»So leben Mäuse eben«, hat Papa streng gesagt.

Und weil Mama kurz danach das Gleiche gesagt hat, musste ich die Mausefalle wirklich wieder aufstellen. Ich kam mir total gemein vor, wie ein übler Verräter. Bestimmt hatten sich die Mäuse in ihrer neuen Wohnung gerade nett eingerichtet. Dreieinhalb Tage haben wir gewartet! Heute erst ist eine Maus in die Falle gegangen.

Es ist wieder die zutrauliche. Sie sieht mich so freundlich an, dass ich Magenschmerzen kriege.

Ich trage die Maus ins Wohnzimmer und zeige sie Mama.

»Sie ist wirklich sehr niedlich.« Mama setzt ihre Brille auf. »Diese lieben Knopfaugen! Und was für witzige kleine Pfoten sie hat!«

»Die will nicht mehr in den Park«, jammere ich. »Da wird sie bestimmt gleich gefressen! Bei uns gefällt es ihr besser.«

»Unsinn«, sagt Mama, aber sie geht vor der Falle in die Hocke und sieht sich die Maus noch genauer an.

»Ein Jammer«, sagt sie. »Ich würde sie ja behalten. Aber du weißt doch, aus zwei Mäusen werden in kürzester Zeit …«

»Ungefähr eine Million«, seufze ich.

Und dann habe ich eine Idee.

»Können Mäuse auch in Starenwohnungen wohnen?«

»Was?« Mama nimmt die Brille ab.

»Der Nistkasten ist doch noch frei. Vielleicht können sie da wohnen.«

»Wie willst du ihnen das erklären?« Mama schüttelt den Kopf. »Die kämen bestimmt einfach wieder ins Haus zurück.«

Ich stelle die Mausefalle auf den Tisch. Das ist unhygienisch, aber ich muss doch die Hände frei haben, damit ich Mama um den Hals fallen kann.

»Bitte, Mama. Wir legen ihr weiche Lappen rein und was zu essen. Dann bleibt sie bestimmt drin.«

»Und ihre hundert oder tausend Kinder?« Mama runzelt die Stirn. »Wo ziehen die hin?«

»In den Park«, versichere ich. »Ach, bitte. Wir können es doch versuchen.«

»Du bist verrückt«, sagt Mama. »Im Wandschrank im untersten Fach sind alte Lappen. Such dir ein paar weiche aus.«

Und so kommt es, dass wir bald nur noch eine freie Wohnung haben. Mama meint, dass Stare auf keinen Fall in einem Mauseloch wohnen wollen. Das ist ein bisschen schade für die Stare.

Die zweite Maus müssen wir erst fangen, damit sie in den Starenkasten umziehen kann. Wir legen ihr jeden Abend leckeres Futter in die Mausefalle, aber die zweite Maus rührt nichts an. Unter unserem Esstisch findet sie immer genügend Krümel. Irgendwann kriegen wir sie. Dann wird sie sehen, dass ein warmer Starenkasten genauso gemütlich sein kann wie ein Mauseloch.

BETTINA OBRECHT

Sehr verwegen
stolziert der Fuchs durch den Regen.
Die Maus im Haus
lacht ihn nur aus.

Lasse lernt lesen

Eigentlich findet Lasse, dass Schule wirklich Spaß macht. Lasses Tisch steht gleich vorne neben der Tafel. Und neben Lasse sitzt Marie. Marie ist sehr nett! Lasse hat sogar schon überlegt, ob er Marie vielleicht später mal heiraten soll. Aber vielleicht heiratet er auch Frau Lustig. Frau Lustig ist Lasses Lehrerin und auch nett. Jedenfalls geht Lasse richtig gerne zur Schule. Eigentlich.

Seit gestern gibt es nämlich ein Problem. Gestern haben sie angefangen, ganze Sätze zu lesen. Ganz einfache Sätze, »Tom malt Oma« und solche Sachen. Aber Lasse kriegt ja noch nicht mal die einzelnen Wörter richtig hin!

»Tom malt Oma«, hat Frau Lustig an die Tafel geschrieben.

»Tom malt Oma«, hat die ganze Klasse laut gelesen.

»Te-o-mmm-mmm …«, hat Lasse gelesen.

»Te-o-mmmmmm, haha!«, hat Marie gelacht. Und Lasse hat sich total geärgert. Aber er hat es einfach nicht hingekriegt. Und heute klappt es auch nicht. Egal, wie oft Lasse es versucht, es klappt einfach nicht. Auch nicht, wenn er sich dabei auf den Kopf stellt. Oder mit den

17

Ohren wackelt. Lasse kriegt es trotzdem nicht hin. Lasse kann einfach nicht LESEN. Nicht mal seinen eigenen Namen. »Lll-a-sss-e«, liest Lasse.

»Aber Lasse«, lacht Frau Lustig, »sag mir doch einfach mal, wie du heißt!«

»Lasse«, sagt Lasse.

»Na siehst du«, sagt Frau Lustig, »und jetzt *lies* deinen Namen …«

»Lll-a-sss-e«, liest Lasse.

»Gar nicht so schlecht«, stöhnt Frau Lustig, »du musst nur die Buchstaben noch ein bisschen mehr zusammenziehen.«

Die anderen lachen, aber Lasse würde am liebsten heulen. Lesen lernen macht überhaupt keinen Spaß, denkt er. Schule ist doof. Und Frau Lustig auch. Und Marie wird er ganz bestimmt nicht heiraten …

Auf dem Weg nach Hause kommt Lasse am Fleischerladen vorbei. Es *muss* einfach klappen, denkt er plötzlich.

Er hält an, springt vom Fahrrad und liest: »Fff-lll-e-i …«

»Lasse! Was machst du denn hier? Fehlt dir was?« Lasses Oma kommt gerade vom Einkaufen und starrt Lasse verwundert an.

»Ich versuche nur rauszukriegen, was da auf dem Schild steht«, antwortet Lasse.

»Na, Fleischerei natürlich. Aber das weißt du doch«, sagt Lasses Oma und wundert sich immer noch.

»Klar weiß ich das«, sagt Lasse. »Aber ich will es LESEN, verstehst du?«

»Aha«, sagt Lasses Oma. »Klar.«

Dann lädt sie Lasse zum Mittagessen ein und Lasse erklärt ihr, wie schwierig es ist, lesen zu lernen. Dass er es einfach nicht hinkriegt, die Buchstaben zusammenzuziehen …

»Das kommt schon noch«, sagt Lasses Oma nur und holt das große Monopoly-Spiel aus dem Schrank. Lasse darf den Rennwagen haben. Und als seine Mutter ihn dann abends abholt, hat er vier Hotels auf der Schlossstraße gebaut und gar keine Zeit gehabt, um auch nur für eine einzige Sekunde darüber nachzudenken, wie schwierig lesen lernen ist.

Am nächsten Morgen hat er immer noch richtig gute Laune. Und als er am Fleischerladen vorbeikommt, singt er sogar laut vor sich hin: »Fleischerei, Fleischerei, F-lll-ei-sch-e-rrr-ei …!«

Erst als er schon neben Marie sitzt und Frau Lustig zur Tür hereinkommt, fällt ihm sein Problem wieder ein. Mist. Jetzt geht das Ganze wieder von vorne los, denkt Lasse, Lll-a-sss-e …

Aber es ist ja Mittwoch, und mittwochs wird nicht lesen gelernt, sondern die Klasse entscheidet, was sie machen wollen.

»Schneeballschlacht!«, schreit Marie sofort.

»Haha«, sagt Lasse, »es ist doch Sommer!«

»Stimmt«, nickt Frau Lustig. »Schneeballschlacht geht nun wirklich nicht. Also, Lasse, was würdest du vorschlagen?«

Lasse muss nicht lange überlegen. »Wir könnten zum Würstchen-Wettessen gehen. Um zehn, beim Fleischerladen.«

»Woher weißt du denn, dass es da ein Würstchen-Wettessen gibt?«, fragt Frau Lustig.

»Na ja«, sagt Lasse, »als ich heute Morgen am Fleischerladen vorbeigekommen bin, stand das auf einem Plakat …«

Und dann wird ihm erst wirklich klar, was er gerade gesagt hat. Die anderen starren ihn an, als hätte er einen doppelten Salto vorgeführt. Aus dem Stand natürlich. Und rückwärts.

»Du lügst«, flüstert Marie, »das hat dir irgendwer erzählt …«

Aber schon schreibt Frau Lustig ein langes Wort an die Tafel.

»Lies das mal«, fordert sie Lasse auf.

»Kar-tof-fel-brei«, liest Lasse.

»Lasse kann lesen!«, ruft Frau Lustig und wirft vor Freude die Kreide in die Luft. Und Lasse kriegt einen knallroten Kopf und weiß nicht, wo er hingucken soll.

»Also los«, ruft Frau Lustig, »packt eure Sachen, schiebt die Stühle ran und los geht's. Damit wir nicht zu spät kommen zum Würstchen-Wettessen!«

Lasse geht neben Marie. Um Marie ein bisschen zu ärgern, liest er jedes Schild laut vor, das er entdecken kann.

»Ein-fahrt frei-hal-ten.« Und: »Vor-sicht. Bis-si-ger Hund.«

Dann zeigt er plötzlich in die Luft und sagt: »Sch-nee-ball-sch-lacht.«

Da muss auch Marie wieder lachen und Lasse ist sich ziemlich sicher, dass er sie doch heiraten wird.

»Das-wird-be-stimmt-sehr-gut«, sagt Lasse, und Marie kapiert kein Wort.

WOLFRAM HÄNEL

19

Wie der gefährliche Bankräuber Black Jack
Lesen und Schreiben lernte

Der Wilde Westen in Amerika war die Zeit der Cowboys und Indianer, der Sheriffs, Goldsucher, Büffeljäger und Pferdediebe. Regelmäßig gab es wüste Schießereien, wurden Postkutschen überfallen oder Banken ausgeraubt. Der gefährlichste unter den Bankräubern war Jack (wenn du den Namen richtig aussprechen willst, musst du »Tscheck« sagen!). Fast jede Bank zwischen dem Colorado-Fluss und den Blauen Bergen hatte er mindestens einmal ausgeraubt. Eigentlich hieß er Jacky Blubber. Doch wegen seiner schwarzen Sachen nannte man ihn Black Jack – den schwarzen Jack. Nicht nur die Bankangestellten, sondern der ganze Wilde Westen fürchteten ihn. Er aber fürchtete niemanden. »Mir doch egal!« war sein Lieblingsspruch.

Eines Tages hörte Black Jack, dass in der Bank von Silver City gerade viel Geld lag. Bisher hatte ihn Silver City nicht interessiert. Die Stadt war zu klein und beschaulich, die Bank noch viel kleiner und nicht besonders reich. Nun aber lag dort viel Geld, sogar verdammt viel Geld! Da musste er hin!

Es war ein langer, mühsamer Ritt durch die Prärie. Und als er nach Silver City kam, klebte auf seinem Gesicht und den Händen, auf Stiefeln, Jeans, Hemd, Weste und Hut dicker Staub. Selbst sein Colt war verdreckt und der pechschwarze Hengst sah ganz grau aus.

Gleich am ersten Haus entdeckte er seinen Steckbrief:

GESUCHT:
Der gefährliche Bankräuber Black Jack!
Tot oder lebendig!
1000 Dollar Belohnung!

Jack konnte zwar nicht lesen. Doch er erkannte sich auf dem Bild, lachte höhnisch und spuckte vor dem Steckbrief aus.

Da rief eine alte Dame empört: »Was sind denn das für Manieren!« Es war Miss Daisy, die Lehrerin. Jack hatte ihr fast auf die frisch geputzten Schuhe gespuckt. »Mi- mi- mir doch egal!«, erwiderte Jack. »Wo ist die Ba- Ba- Bank?« Die schrille, strenge Stimme der Lehrerin hatte ihn nervös gemacht. Und immer, wenn Jack nervös wurde, stotterte er.

Zu Miss Daisy muss gesagt werden, dass sie Bücher liebte, im Kirchenchor sang, ihre Rosen im Garten pflegte und sich ansonsten nicht für die Aufregungen im Wilden Westen interessierte. Sie war energisch, aber gerecht und gut. Und obwohl sie wegen ihres hohen Alters schon lange nicht mehr in der Schule unterrichtete, nannten die Leute von Silver City sie respektvoll immer noch ihre Lehrerin.

Miss Daisy musterte also den Fremden. Vielleicht lag es daran, dass sie sein Gesicht unter dem Staub nicht sah, vielleicht hatte sie auch einfach nur ihre Brille zu Hause vergessen. Jedenfalls erkannte sie den gefährlichen Räuber nicht. »Folgen Sie mir, ich will auch Geld holen!«, sagte sie schließlich. »Aber danach sollten Sie sich mal waschen!«

»Mi- mir doch egal!«, brummte Jack.

Als sie zur Bank kamen, sprang er vom Pferd, griff seinen Colt und wollte an Miss Daisy vorbei durch die Tür stürmen.

»Was sind das für Manieren!«, schimpfte sie wieder und schlug ihm mit der Handtasche auf die Finger. »Man drängelt sich nicht vor, sondern hält einer Dame die Tür auf!«

Vor Schreck ließ Jack seinen Colt fallen und stotterte zähneknirschend: »Mi- mi- mir doch egal!« Trotzdem hielt er ihr die Tür auf.

»Einen schönen guten Tag!«, sagte Miss Daisy zum Kassierer.

»Geld oder Leben!«, schrie Jack hinter ihr. Vor Aufregung merkte er gar nicht, dass er seinen Colt draußen verloren hatte. Der Kassierer verkroch sich ängstlich hinter dem Schalter.

»Was sind das für Manieren!«, schrillte Miss Daisy und drohte wieder mit ihrer Handtasche. »Füllen Sie ordentlich einen Zahlungsschein aus, sonst gibt es kein Geld!«

Jack sah sie überrascht an, dann stotterte er verlegen: »I- i- ich kann nicht schrei-schreiben.«

Die Lehrerin musterte ihn streng: »Haben Sie etwa in der Schule nicht aufgepasst oder immer geschwänzt?«

»I- ich war oft krank«, nuschelte Jack kleinlaut.

Miss Daisy fragte fassungslos: »Da können Sie ja nicht mal ein Buch lesen oder einen Liebesbrief an Ihre Freundin schreiben?«

Jack zuckte trotzig die Schultern. »Mi- mi- mir doch egal!«

»Weiß das Ihre arme Mutter?«, fragte die alte Dame.

Jack schüttelte traurig den Kopf. »Ich ha- habe keine Mama mehr.«

Die Lehrerin dachte nach. Dann nahm sie seine Hand und sagte entschieden: »Los, mein Junge, du kommst jetzt mit!« Black Jack war so überrascht und verwirrt, dass er Miss Daisy widerspruchslos folgte.

Eine Stunde später umstellten die fünzig mutigsten Männer von Silver City
Miss Daisys Haus. »Ergib dich, Black Jack, und lass unsere Lehrerin frei«, rief
der Sheriff und schoss zur Warnung dreimal in die Luft. »Du bist umzingelt!«
»Jawohl!«, riefen die fünfzig mutigsten Männer im Chor und schossen auch in
die Luft.
Miss Daisy trat empört vor die Tür. »Was soll das Geschrei und die Schießerei?
Lasst den Jungen in Ruhe! Ich habe ihn gebadet, jetzt sitzt er brav in der Küche
und lernt das Abc!«
Der Sheriff ließ erstaunt seinen Colt sinken. »Aber Black Jack ist der
gefährlichste Bankräuber! Ich muss ihn verhaften!«
»Papperlapapp!«, sagte die Lehrerin entschieden. »Erst muss er Lesen und
Schreiben lernen, das ist wichtiger! Also schert euch nach Hause!«
Dem Sheriff und seinen fünfzig mutigsten Männern der Stadt blieb nichts
anderes übrig als wieder abzuziehen.

Der Rest der Geschichte ist schnell erzählt:

Jack lernte tatsächlich Lesen und Schreiben. Dafür reparierte er seiner Lehrerin das Dach, hackte Holz für den Kamin und grub ihren Garten um. Manchmal ritten sie auch in die Blauen Berge. Dort fragte Miss Daisy mal, ob er wirklich so gut schießen konnte, wie alle behaupteten. Jack nahm seinen Colt, zeigte auf einen Hasen in weiter Ferne und drückte ab.

Als sie abends in der Küche gemeinsam den leckeren Hasenbraten aßen, sagte die alte Dame nachdenklich: »Diese Schießerei kann ja ganz nützlich sein.«

So kam es, dass bei ihren künftigen Ausritten immer öfter in den Bergen Schüsse krachten. Aber das war nicht Black Jack, sondern Miss Daisy, die dort Schießen übte. Das konnte sie bald sehr gut, sogar verdammt gut! Jeden Sonntag gab es nun leckeren Hasenbraten.

Eines Tages fanden sie in den Bergen einen großen Klumpen Gold. Miss Daisy und Jack trugen ihn zur Bank und zahlten damit alles Geld zurück, das er bei seinen Überfällen geraubt hatte. Auch entschuldigte er sich höflich bei dem Kassierer, sodass der Sheriff ihn begnadigte. Er musste also nicht mehr ins Gefängnis, nannte sich wieder Jacky Blubber und wurde bald ein angesehener Bürger. Später wählte man ihn sogar zum Hilfssheriff von Silver City, wodurch die kleine, beschauliche Stadt zur sichersten und friedlichsten im ganzen Wilden Westen wurde.

Als Erstes zog der neue Hilfssheriff nämlich sämtliche Colts ein und gab sie den Männern nur dann zurück, wenn sie Hasen jagen wollten oder wenn Schützenfest war.

An einem Sonntag im darauf folgenden Frühjahr war wieder Schützenfest in Silver City. Dabei schossen die Männer immer auf eine runde, hölzerne Zielscheibe. Wer genau in die Mitte traf, gewann einen dicken Truthahn. Es wurde ein spannendes Wettschießen. Und bald waren Jacky Blubber und der Sheriff die besten Schützen.

Plötzlich kam eine alte Dame auf die Festwiese. Sie holte einen kleinen Colt aus ihrer Handtasche und ballerte mit drei Schüssen – peng, peng, peng! – die ganze Scheibe weg.

So, dreimal darfst du jetzt raten, wer den dicken Truthahn gewann!

VOLKMAR RÖHRIG

Die Reise zum Ungeheuer

Wenn der Schnee den Weg erneuert,
Geh ich fort zum Ungeheuer.

Angstvoll stocken mir die Beine,
Nur die Skier gleiten von alleine,

Den Weg den kennen sie genau:
Die Spur im Wald glänzt himmelblau,

Am hohlen Baum, am Strunk vorbei,
Huiii! Da ist des Monsters Heim!

Auf die Tür, sperrangelweit,
Schwups!, am Tisch sind wir zu zweit.

Lustig haben wir's von Herzen,
Lachen, machen Witze, scherzen.

Blick doch nicht so komisch drein!
Willst zum Ungeheuer? Nein!

Frei erfunden ist's von mir!
Kannst ein anderes ersinnen dir!

RAMUTĖ SKUČAITĖ
Aus dem Litauischen von Markus Roduner

DIEHIER und DIEDA

DIEHIER: Ich sammle Zuckertütchen. Ich hab schon tausend.

DIEDA: Was? Schon tausend? Klasse.

DIEHIER: Ich sammle auch Briefmarken. Ich hab die allerweitwegste Sorte Briefmarken. Die allerschönsten. Und ganz seltene Serien.

DIEDA: Was, alle weit weg und ganz selten? Super.

DIEHIER: Sammelst du nichts?

DIEDA: Doch. Natürlich. Was dachtest du denn? Ich sammle Unsichtbares.

DIEHIER: Unsichtbares? Geht das?

DIEDA: Warum soll das nicht gehen?

DIEHIER: Unsichtbares kann man nicht sehen. Das ist unsichtbar.

DIEDA: Ja, das stimmt.

DIEHIER: Aber dann weißt du doch nicht, was du hast?

DIEDA: Nein, aber du kannst dir vorstellen, dass du es weißt. Dann hast du immer so viel, wie du willst. Ich hab, glaube ich, mindestens eine Million unsichtbare Zuckertütchen. Und ich habe die alleraller-unglaublich-unvorstellbar-weitwegste Briefmarkensorte. Unsichtbar.

DIEHIER: Unsichtbar zählt nicht. Das ist kein Sammeln. Du musst sehen, was du hast.

DIEDA: Oder hören. Zählt das auch?

DIEHIER: Klar. Hören gehört dazu. Wenn ich meine Zuckertütchen schüttle, kann ich den Zucker hören.

DIEDA: Ja, das ist schön. Zucker höre ich gerne. Leider gibt es nur wenige Leute, die Zucker hören.

DIEHIER: Ja, das ist wahr. Zucker ist schon aufgegessen, bevor man ihn gehört hat.

DIEDA: Kann man auch Briefmarken hören?

DIEHIER: Man kann, aber man muss gute Ohren haben. Und mit der Briefmarke wedeln, aber nicht zu sehr. Briefmarken dürfen nicht beschädigt werden.

DIEDA: Eigentlich sammle ich noch was. Etwas, das man hören kann.

DIEHIER: Was denn?

DIEDA: Wörter.

DIEHIER: Wörter? Schneidest du die irgendwo aus? Schreibst du sie auf? Hast du ein Wörterbuch zum Einkleben?

DIEDA: Nein, ich sammle sie in meinem Kopf. Ich hasse Einkleben. Überall ist Klebstoff, nur nicht da, wo er sein soll. Im Kopf brauchst du keinen Klebstoff.

DIEHIER: In deinem Kopf? Jeder hat Wörter im Kopf. Ich auch.

DIEDA: Das ist gut. Dann können wir Wörter tauschen.

DIEHIER: Wie meinst du das?

DIEDA: Ganz einfach: Du sagst ein schwieriges Wort, das ich noch nicht habe, und dann tue ich es in meinen Kopf zu den anderen Wörtern. Und du bekommst ein Wort zurück, das du noch nicht hast.

DIEHIER: Aha …

DIEDA: Aha hab ich schon. Das ist zu einfach.

DIEHIER: Okay.

DIEDA: Okay hab ich auch.

DIEHIER: … *Kollektion.*

DIEDA: Das ist ein schönes Wort. Kol-lek-ti-on. Das Wort hatte ich noch nicht. Jetzt hab ich es. Hast du es gehört? Ich habe es. Vielen Dank, dass du mir das Wort gegeben hast.

DIEHIER: Aber ich habe es auch noch. Kollektion. Hörst du?

DIEDA: Das ist gut. Es gibt Leute, die geben so viele Wörter weg, dass sie nichts für sich behalten. Von solchen Menschen hörst du später nichts mehr.

DIEHIER: Man kann sie aber doch noch sehen?

DIEDA: Manche sind unsichtbar geworden.

DIEHIER: Ach … aber hab ich dir schon erzählt, woher meine allerweitwegste Briefmarke kommt?

DIEDA: Sag schon.

DIEHIER: Von den Salomoninseln!

DIEDA: Oh, das ist ein schönes Wort: Salomoninseln. Vielen Dank.

DIEHIER: Bitte schön.

JOKE VAN LEEUWEN
Aus dem Niederländischen von Hedwig von Bülow

Drei Schultüten für Katrin

Als Katrin aufwacht, ist es ganz still in der Wohnung. Mama und Papa schlafen noch, aber Katrin ist viel zu aufgeregt um liegen zu bleiben: Heute ist doch ihr erster Schultag! Sie springt aus dem Bett und läuft gleich zu der roten Schultasche, die sie bekommen hat. Das gelbe Mäppchen mit den neuen Buntstiften und dem Radiergummi hat sie schon eingepackt.

Katrin guckt sich alles noch einmal an. Nachher, wenn Mama und Papa mit ihr zur Schule gehen, bekommt sie noch eine Schultüte mit lauter Süßigkeiten und Überraschungen. Katrin freut sich schon sehr darauf.

Mama und Papa sind immer noch nicht wach! Katrin ist ganz ungeduldig. Aber Mama und Papa haben es nicht gerne, wenn Katrin sie weckt. Sie könnte schon mal den Frühstückstisch decken, dann wachen sie vielleicht vom Klappern der Teller auf … Als sie gerade die Tassen auf den Tisch stellt, kommt Mama aus dem Schlafzimmer. »Katrin!«, sagt sie ganz erschrocken. Katrin erschrickt auch – war sie doch zu laut?

»Wir haben verschlafen!«, sagt Mama. »Warum hast du uns denn nicht geweckt?!«

»Ich soll doch nicht!«, antwortet Katrin. Mama ist schon an ihr vorbei ins Bad gehastet.

Papa sagt wenigstens »Guten Morgen, Katrin« und »Zieh dich schnell an!«, bevor er auch im Bad verschwindet.

Sonst legt Mama immer die Kleider heraus, aber heute entscheidet Katrin selbst, was sie anzieht. »Wie siehst du denn aus?«, fragt Mama, als sie kurz darauf mit einem Brot in der Hand ins Zimmer kommt.

»Schön, was?«, sagt Katrin.

Mama schaut auf ihre Uhr. »Zum Umziehen hast du jetzt keine Zeit mehr.«

»Es ist zwanzig vor neun«, ruft Papa aus dem Flur. »Wir müssen los!«

Mama zieht sich schon die Jacke über, da fragt Katrin: »Krieg ich jetzt meine Schultüte?«

»Ach Gott«, sagt Mama, »natürlich.«

»Wo ist sie denn?«, fragt Papa. Einen Moment wird es ganz still, weil Mama überlegt. »Im Badeschrank«, sagt sie dann.

»Nein, da habe ich schon geguckt«, sagt Papa.

»Aber da muss sie sein«, sagt Mama und läuft ins Bad. Papa rennt ins Wohnzimmer. Und Katrin sucht in der Küche.

Das Telefon klingelt.

»Achgottachgott, auch das noch. Geh mal einer ran!«, ruft Mama. »Wo habe ich denn bloß die Tüte versteckt ...«

Katrin hebt ab. Es ist Oma. »Hallo, mein Schatz, da hab ich ja Glück gehabt, dass ich dich noch erwische. Ich wünsch dir alles Gute zum Schulanfang!«

»Danke«, sagt Katrin, »aber wir haben verschlafen und jetzt findet Mama die Schultüte nicht und ...«

»Wo bleibt ihr?«, drängt Papa.

»Wir müssen los«, ruft Katrin ins Telefon. »Tschüs Oma.«

Katrin holt ihre Schultasche.

»Tut mir Leid, Schatz, du bekommst deine Tüte nachher«, sagt Mama.

»Dann bleib ich hier!«, sagt Katrin. »Ohne Schultüte geh ich nicht. Alle haben eine und ich will auch eine!«

»Wir kaufen dir unterwegs eine«, beschließt Papa und hält die Tür auf.

Mama und Papa nehmen Katrin an die Hand. Katrin muss rennen um mit ihnen Schritt halten zu können. Beim nächsten Geschäft machen sie Halt, wegen der Schultüte. Aber Schultüten sind alle ausverkauft.

»O Gott«, jammert Mama und Katrin fängt an zu weinen.

»Wir finden bestimmt noch eine«, versucht Papa sie zu trösten. »Ich geh schon mal vor und guck beim nächsten Supermarkt«, sagt er und läuft weg.

Katrin und Mama laufen weiter. Endlich kommt Papa wieder. In der Hand hält er eine Schultüte, eine kleine, verbeulte aus Pappe, die schon fertig gefüllt ist. Katrin bekommt sie in die Arme gedrückt. Dann hetzen sie weiter zur Schule. Als sie dort ankommen, sind schon keine Kinder mehr zu sehen. Dafür steht Oma mit einer großen, bunten Schultüte am Eingang. »Das geht doch nicht, das Kind ohne Schultüte am ersten Schultag«, sagt sie.

Jetzt hat Katrin zwei Schultüten.

Zu viert gehen sie in das Schulhaus. In einem großen Raum sind alle Kinder versammelt, die in die Schule kommen. Mama und Papa lassen sich erschöpft auf die Stühle fallen, Oma setzt sich neben sie. Katrin geht nach vorne zu den Kindern. Sie entdeckt einen freien Platz neben einem Mädchen mit zwei Zöpfen.

»Warum hast du denn zwei Schultüten?«, fragt das Mädchen.

»Weil wir heute verschlafen haben«, antwortet Katrin.

»Ach so«, sagt das Mädchen.

Es werden Reden gehalten und Lieder gesungen und der Direktor teilt die Kinder ihren Klassenlehrern zu. Katrin kommt in dieselbe Klasse wie das Mädchen mit den Zöpfen. Dann ist die Feier zu Ende.

»Ich mach dir heut dein Lieblingsessen«, sagt Papa auf dem Nachhauseweg.

»Hawaiitoast?«, fragt Katrin. Papa nickt.

Zu Hause ist der Tisch noch vom Frühstück gedeckt. Katrin legt nur noch Besteck dazu. Als Papa die Ananasdose oben aus dem Küchenschrank holen will und die Tür öffnet, fällt ihm eine große, bunte Schultüte entgegen.

»Ach, da ist sie, natürlich!«, sagt Mama. »Da hab ich sie vorgestern versteckt, damit Katrin sie auf keinen Fall finden kann.«

Feierlich überreicht sie die Tüte Katrin. »Hier, zu deinem ersten Schultag!«

»Das ist die schönste von allen dreien«, findet Katrin.

ANNE MAAR

Schatzsuche

Ich bin
ein Schatz
sagt sie
Ich hab
eine große Klappe
eine spitze Zunge
Flausen im Kopf
Augen die größer sind als mein Magen
taube Ohren
und zwei linke Hände
sagt sie

Schöner Schatz
sage ich.

RIET WILLE
Aus dem Flämischen von Hedwig von Bülow

Warten auf Milan

Alle waren sie gekommen, als die Schule anfing, nur Milan nicht. Leo war da und Tomek, Lisa, Jussuf, Emma, Daniel, Aysche, Fiume mit ihrer Zwillingsschwester Bara, Anton – und all die andern, die in Milans Klasse gingen, waren an ihrem allerersten Schultag da. Klar. Wo doch endlich die Schule losging.

»Wo ist Milan?«, fragte der Lehrer Kandlbinder in die Klasse hinein. Alle guckten nach hinten, einige sogar zur Decke hoch. Niemand meldete sich. »Milan fehlt«, stellte Anton fest. Anton war das blasseste von allen Kandlbinderkindern. Er trug eine Brille mit dicken Gläsern und hatte die Nase schon am allerersten Schultag ganz weit vorne beim Lehrer.

»Anton hat Recht«, lobte ihn der Lehrer Kandlbinder. »Mit Milan geht es ja schon gut los bei uns«, fügte er hinzu. Das hörten aber nur die, die ganz vorne saßen. Leo verstand nicht recht. Wieso gut?, musste er dauernd denken. Wo Milan doch alles verpasste am allerersten Schultag. Die Rede vom Rektor, das Begrüßungslied der älteren Schüler, vor allem aber den Schultütentanz. Nachdem die Eltern und Großeltern gegangen waren, ließ der Lehrer Kandlbinder seine Kinder im Halbkreis auf dem Boden sitzen. Das klappte. Der Lehrer schmunzelte und legte sanft den Zeigefinger auf seinen Mund: »Pssst!« »Milan«, flüsterte er dann – und alles war still. »Wer weiß was von Milan?« Keiner wusste etwas. Keiner kannte Milan. Keiner hatte auch nur die leiseste Ahnung, wo er wohnte.

Der zweite Schultag fing in der Klasse vom Lehrer Kandlbinder mit einem Kaspertheater an. Der Vorhang ging auf, als alle Kinder mucksmäuschenstill auf dem Fußboden hockten. »Hallihallo! Ich bin der Lehrer …, ähm, der Kasper!« Applaus. Gelächter. »Seid ihr alle da?« – »Jaaa!«, kam es zurück. Doch gleich darauf rief Tomek: »Neiiin!« Der Kasper flitzte aufgeregt hin und her und drohte mit seiner Pritsche. »Was heißt hier jaaa – – neiiin? He? Da soll einer keinen Brummschädel kriegen!«, rief er und schlug sich mit der Pritsche eins auf die Zipfelmütze. »Nein heißt nein. Einer fehlt«, antwortete Emma. »Milan heißt der.« Alle hörten es. Ach ja, Milan. Den hatten die meisten schon vergessen. »Der kommt nicht mehr«, sagte Daniel.

Der Kasper: »Kommt nicht mehr.«

»Der ist krank«, sagte Jussuf.

Der Kasper: »Krank.«

»Oder nicht ganz dicht«, meinte Tomek kleinlaut.

Der Kasper: »Ganz dicht.«

»Ja, sonst wäre vielleicht seine Mama gekommen oder sein Papa und hätte ihn entschuldigt«, sagte Anton. »Weil man sich entschuldigt, wenn man fehlt.«

Der Kasper: »Aber das weiß Milan halt nicht.«

Die Kinder: »Halt nicht. Hahahahalt nicht …!«

Der Kasper: »Oder Milan ist gestern in die falsche Schule gegangen oder sitzt in der Klasse 1b oder in der 1c drüben?«

Die Kinder: »In der 1b oder 1c – hehehe!«

Der Kasper: »Oder Milan hat sich irgendwo versteckt. Im Keller. Auf dem Speicher. Im Heizraum. Überall da, wo ihn niemand finden kann. Der hat vielleicht Angst und traut sich nicht rein zu uns.«

Die Kinder schwiegen. Traut sich nicht rein? Aus Angst? Vor wem? Vor den Kindern? Vor dem Lehrer Kandlbinder? Vor der Schule überhaupt? Was mag Milan für einer sein? Ein Angsthase? Wie mag er aussehen?

Da meldete sich der Kasper wieder. »Wisst ihr was?«, fragte er in die Runde und hob seine Pritsche hoch. »Ihr holt euch den Milan her. Jeder seinen. Jeder malt sich seinen Milan auf. Mit Wachsmalkreide auf Zeichenpapier. Mit bunter Tafelkreide an die Seitentafel. Mit Fingerfarben an die Fenster. Ihr habt alles, was ihr zum Malen braucht. Also, los, malen wir den Milan her!«

»Dürfen wir auch mit dicken Filzstiften auf Tapete?«, wollte Anton wissen. Längst hatte er die Tapetenrollen in dem Korb neben dem Lehrerschrank entdeckt.

»Ihr dürft«, sagte der Kasper.

Der Lehrer Kandlbinder mit dem Kasper am Arm hatte viel zu tun, denn er musste den Kindern beim Malen helfen. Er verteilte Tafelkreide und machte vor, wie man damit malt. Die Zwillinge ermunterte er, mit Fingerfarben die Fenster zu bemalen. Emma zog ihren Wasserfarbenkasten aus der Schultasche.

»Oh!«, staunte da der Kasper. »Damit kannst du schon …?« – »Kann ich«, sagte Emma entschlossen und tauchte ihren Pinsel zuerst ins Wasserglas und gleich darauf in ihr dunkelstes Rotnäpfchen. »Bei mir wird Milan rot«, erklärte sie. Der Kasper nickte erfreut und hüpfte von Malkind zu Malkind.

Nach einer Stunde war Milan in der Klasse. 16-mal. Bei Emma war er ein großer Junge mit schwarzen Locken und hellen Augen. Bei Daniel lag er im Bett und hatte ein Fieberthermometer im Mund. Bei Bera saß er gemütlich auf dem Sofa und las Zeitung. »Und was macht dein Milan?«, fragte der Kasper den Tomek. »Mein Milan«, sagte der, »hat sich im Wald verirrt und findet nicht mehr raus.«

So viele Milans in Lehrer Kandlbinders Klasse! Die Kinder schauten sich an, was jeder gemalt hatte. Sie redeten über Milan. Was sie alles von ihm wussten!

Dass er ein Ausländer ist. Oder ein Außerirdischer vielleicht?

Dass er eine Brille trägt und nicht gehen kann. Oder doch?

Dass er groß und schlank ist. Oder dick?

Dass er viele Geschwister hat, mindestens fünf. Oder bei den Großeltern wohnt und keine Eltern mehr hat?

Jussuf, Daniel und Tomek dachten sich eine wilde Geschichte aus, in der Milan als Piratensohn auf stürmischer See allein eine ganze Seeräuberbande überlebt. Fiume schrieb MILAN in Großbuchstaben an die mittlere Tafel und erklärte dazu, dass das Milan heißt. MILAN las Anton nachdenklich von der Tafel ab und sagte dem Lehrer: »Kann ich lesen.« Da fiel doch dem Lehrer Kandlbinder der Kasper mit der Pritsche vom Arm auf den Lehrertisch.

Im Nu waren auf der mittleren Tafel rund um den Namen MILAN ein paar weiße und rote Herzen mit Kreide gemalt. Sechs Kinder fassten sich bei den Händen und sangen, während sie sich im Kreis immer schneller bewegten: *Um die Ecken weht der Wind, bring uns Milan her geschwind – sch – sch – sch!*

Der Lehrer Kandlbinder nahm seine Gitarre vom Haken und fiel in die Melodie ein. Plink, plank. Das klang gut. Die Kinder sangen, der Lehrer Kandlbinder setzte sich in die Mitte auf einen Stuhl und klimperte und zupfte. Die Kinder klatschten dazu und bekamen rote Ohren vor Begeisterung.

Da klopft es. Alle schauen zur Tür. Es ist ganz ruhig in der Klasse. Die Tür geht auf. Der Lehrer Kandlbinder ruft von seinem Stuhl aus: »Herein!«

Herein kommt, zaghaft und klein, das Gesicht braun gebrannt, auf dem Rücken eine Schultasche, im Arm eine sehr kleine, bunt beklebte Schultüte, ein Junge. Hinter ihm ein Mann. Beide sehen sich ziemlich ähnlich. Schwarzes Haar, dunkle Augen. »Entschuldigung! Milan kommt spät. Aber er kommt«, sagt der Mann.

»Willkommen, Milan!« Der Lehrer schüttelt dem Jungen und seinem Vater die Hand. »Wir haben Milan schon erwartet. Schau, Milan! Und hör gut zu!«
Der Lehrer Kandlbinder führt die beiden Neuankömmlinge an die Seitentafel und an die Malplätze der Kinder. Er zeigt auf die mittlere Tafel, wo MILAN steht, von weißen und roten Herzen umrahmt. Er greift zur Gitarre, und die Kinder singen noch einmal das Lied vom Wind, der geschwind den Milan herwehen soll.

Dann ist große Pause. »Was habt ihr heute schon gelernt?«, fragt ein Mädchen aus der 1c. »Wir MAMA lesen und schreiben.« Die Kandlbinderkinder stehen um Milan herum in einer Schulhofecke. Keines sagt etwas. »Was ihr gemacht habt heute in den Stunden vor der Pause«, will das Mädchen wissen.
»Auf Milan gewartet«, antwortet Emma.
»Warten – das ist doch nicht lernen«, sagt das Mädchen aus der 1c.
»Aber Milan malen und MILAN schreiben und MILAN lesen ist lernen«, behauptet Anton. »Und Milan singen«, ergänzt Aysche schüchtern. Jussuf nickt. Und die Kandlbinderkinder fassen sich bei den Händen, beginnen langsam im Kreis zu gehen und singen laut: »*Um die Ecken weht der Wind ...*«
Milan steht verlegen da. Keiner kann sehen, dass er rot geworden ist bis über beide Ohren. Denn er hält sie sich mit den Händen zu.
Da kommen der Lehrer Kandlbinder und Milans Vater dazu. Der Vater spricht und die Kinder hören ihm zu: »Wir waren in unserer Heimat, Bosnien. Die ganze Familie. Frau, Großmutter, Großvater. Alle sechs Kinder. Wir mussten dort helfen, das Haus zu reparieren. Seit dem Krieg war es kaputt. Haben vergessen, dass die Schule anfängt in Deutschland. Großvater hat gesagt: Die Kinder gehen noch lange zur Schule. Macht nichts, wenn jemand zu spät kommt, eine Woche oder so.«
»Ist ja nur ein Tag zu spät gewesen«, sagt der Lehrer Kandlbinder.
»Aber Milan muss jetzt auch Milan malen«, fordert Anton.
»Ja, das muss er«, rufen alle im Chor, »das muss er, weil heute sein erster Schultag ist!«

HANS GÄRTNER

Niko und der Elefant

Gestern haben zwei Jungen aus der dritten Klasse Niko die Mütze heruntergerissen und über einen Zaun geworfen. Hinter dem Zaun bellte ein großer, schwarzer Hund und fletschte die riesigen Zähne. Die Jungen lachten, ganz laut lachten die und hüpften vor Vergnügen auf und ab. Als Niko heimkam, fragte seine Mama, wo er denn seine Mütze gelassen hätte. Niko zuckte nur mit den Schultern. Wenn er Mama erzählt hätte, was geschehen war, würde sie ihn in die Schule begleiten. An der Hand führen würde sie ihn, und alle Kinder aus seiner Klasse würden ihn für ein Muttersöhnchen halten.

Heute reitet Niko auf einem Elefanten in die Schule. Der Elefant ist größer als der Bus, größer als die Lastwagen. Niko sitzt oben und blickt hinunter auf die Autos, auf die Fahrräder, auf die Kinder und auf die Erwachsenen. Wenn jetzt die Jungen kämen, würde der Elefant sie mit seinem Rüssel einfangen und hoch- heben und sie auf eine

Straßenlaterne setzen. Da oben könnten sie um Hilfe schreien und warten, bis die Feuerwehr käme und sie herunterholte. Schön lang könnten sie warten.

Der Elefant trampelt mit seinen großen Füßen auf dem Gehsteig und alle Leute weichen ihm aus. Keiner rempelt Niko an. Das würde der Elefant auch nicht erlauben. Wütend würde er werden und sich auf die Hinterbeine stellen und furchtbar trompeten, bis die Leute schreiend davonliefen. Niko müsste sich am grauen Rücken festhalten, denn sonst würde er ja abrutschen. Aber dann würde der Elefant wieder auf allen vier Füßen stehen und Niko mit seinem Rüssel ganz zart in den Hals pusten. Hab keine Angst, würde das heißen, aber Niko hat sowieso keine Angst. Warum auch?

Leise trompetet der Elefant ein Lied aus seiner Heimat in Afrika. Das gefällt den Spatzen, einer kommt und setzt sich auf den Kopf des Elefanten, genau in die Mitte. Den Elefanten stört das nicht.

Vor dem Schulhaus breitet der Spatz die Flügel aus und fliegt in die Krone der Kastanie im Schulhof. Dort hocken schon viele Spatzen, tschilpen und schwätzen in ihrer Spatzensprache. Niko tätschelt dem Elefanten den dicken Hals und flüstert ihm ins Ohr, dass er bald wiederkommt.

Mit dem Elefantenradiergummi in der Faust läuft Niko ins Schulhaus.

RENATE WELSH

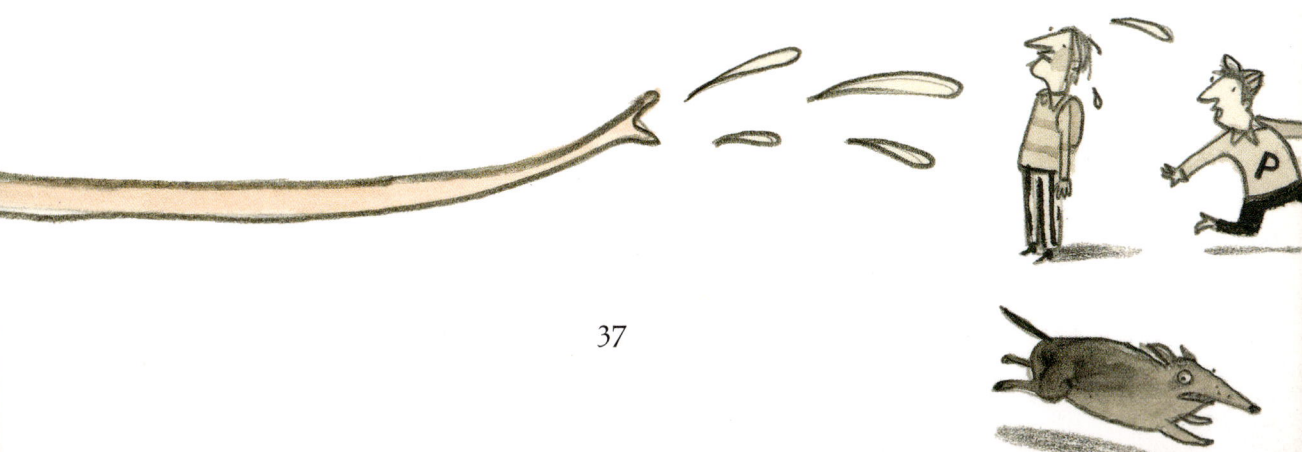

Im Zoo

Da gibt's Löwen und brüllende Tiger und Kamele von sonstwoher.
Und Biffalo-Buffalo-Bisons und 'n großen geflügelten Bär,
Und 'n klitzekleines Fallross und 'n winziges Nashorn und so,
Aber *ich* hab den Elefanten gefüttert letzten Sonntag im Zoo.

Da gibt's Dachse und Dichse und Dochse und sogar ein Direkt-Ohr-Haus
Und massenhaft Ziegen, 'n Eisbär und mehrere Sorten von Maus,
Und dann gibt's da, glaub ich, noch so ein Tier, das heißt Wallaboo oder so –
Aber *ich* hab den Elefanten gefüttert letzten Sonntag im Zoo.

Mit dem Bison kann man richtig reden, nur versteht er's nicht, was man ihm
    erzählt.
Und dem Mingo kann man Pfötchen geben, was dem Mingo jedoch nicht
    gefällt.
Und die Löwen und brüllenden Tiger sagen selten: »Hallihallo.«
Aber *ich* hab den Elefanten gefüttert letzten Sonntag im Zoo.

A. A. MILNE
Aus dem Englischen von Christa Schuenke

Der dreistöckige Kranke

Es hat beim alten Doktor Bingelt
Heut früh das Telefon geklingelt:

»Lieber Herr Doktor, unser Gast
Stirbt uns an Schmerz und Halsweh fast.«

»Ein Gast? Wohl aus dem Ausland?« – »Ja,
Er kommt direkt aus Afrika.«

»Ich komm. Doch sagen Sie vorher:
In welchem Stock ist's, bitte sehr?«

»In welchem Stockwerk? Je, oje,
Ich glaub, im dritten tut's ihm weh.«

Dem Arzt verschlägt's die Sprache fast:
»Ist denn drei Stockwerk hoch Ihr Gast?«

»Ja, Doktor, es ist wirklich so.
Wir rufen nämlich aus dem Zoo.
Und unser Gast – das ist es ja
Ist – eine Giraffe aus Afrika.«

BRANKO COPIČ
Aus dem Serbischen von James Krüss

Jane wartet und horcht

Da, wo Jane zu Hause ist, gibt es Elefanten, Löwen, Antilopen und Giraffen. Affen turnen in den Bäumen herum und an den Wasserstellen stehen die Flamingos auf einem Bein. Auch die Kraniche, die im Frühjahr und im Herbst mit großem Geschrei über uns hinwegziehen, kommen von dort oder fliegen dorthin.

Viel weiß ich nicht von Jane. Nur dass sie acht Jahre alt ist. Also drittes Schuljahr eigentlich. Aber das mit der Schule, das ist so eine Sache.

Seit ein paar Wochen weigert sich Jane, zur Schule zu gehen. Sie kratzt und beißt und schlägt um sich, will jemand sie zwingen. Aber dann sitzt sie jeden Tag, bis der Unterricht zu Ende ist, draußen vor der Schultür.

Sitzt da, wartet und horcht.

Was ist los mit ihr? Hat sie die Hausaufgaben vergessen? Hat sie Angst vor dem Lehrer? Sind ihre Mitschüler gemein zu ihr? Hat sie Schwierigkeiten beim Lernen?

Nichts von alledem.

Vor ein paar Wochen ist Janes Mutter gestorben. Lange schon war sie krank gewesen. Immer dünner ist sie geworden, immer schwächer. Die Hütte in Ordnung halten, Essen machen, das mussten Jane und ihr Bruder am Ende allein tun. Und eines Morgens hat die Mutter einfach nicht mehr geantwortet, als Jane sie aufwecken wollte.

In den Merkblättern der Gesundheitsbehörde und in den Zeitungen steht das Wort für die schlimme Krankheit in großen Buchstaben gedruckt: AIDS. Oh, wie hasst sie dieses Wort! Am liebsten würde Jane es ganz klein schreiben. Am liebsten würde Jane es gar nicht mehr sehen.

Seit ein paar Wochen also sitzt Jane jeden Tag draußen vor der Schultür und wartet und horcht. Die Stimmen dort drinnen kennt sie alle. Den Singsang des Lehrers. Die hellen Stimmen der Mädchen. Das Brummen der Jungen. Robert stottert. Lyton ist im Stimmbruch. Gloria kichert bei jeder Gelegenheit.

Nur, wenn sie die Stimme ihres Bruders hört, wird Janes Unruhe ein bisschen kleiner.

Am liebsten hört sie die anderen singen. Dann legt Jane den Kopf auf die Knie und schließt die Augen.

Als die Mutter auf einmal tot war, wussten sie nicht, was sie tun sollten. Der Bruder hatte den Vorarbeiter von der Farm geholt, auf der die Mutter gearbeitet hatte. Die Nonne von der Krankenstation war gekommen und dann viele andere Erwachsene.

Sie hatten Jane und ihren Bruder nach ihrem Vater gefragt, aber die Geschwister zuckten nur mit den Schultern. Ihren Vater kannten sie nicht. Sie hatten ihn nie gesehen.

»Habt ihr andere Verwandte? Großeltern, Onkeln, Tanten?«

Die Geschwister schüttelten die Köpfe.

Die Erwachsenen hatten die Hütte nach Papieren abgesucht, in denen irgendetwas über die Herkunft der Familie stand. Umsonst. Es gab keine Papiere.

Dann hatten alle schnell und viel geredet, und auf einmal hatten sie auch davon gesprochen, die Geschwister zu trennen und Jane in ein Heim weit weg zu geben, das wäre wohl das Beste.

Als Jane alles verstanden hatte, hatte sie sich an ihren großen Bruder geklammert, gewimmert und geweint und ihren Bruder nicht wieder losgelassen.

Da hatten die Erwachsenen nicht gewusst, was sie tun sollten. Sie hatten die Mutter begraben und die Geschwister erst einmal in der Hütte wohnen lassen.

Seit ein paar Wochen also sitzt Jane jeden Tag vor der Schultür und wartet und horcht. Nichts ist mehr so, wie es war. Sie will nicht zum Unterricht. Außer mit dem Bruder will sie mit niemandem reden müssen. Sie will nicht weggehen von ihrem Bruder. Ihr Bruder und die vertrauten Stimmen sind alles, was ihr geblieben ist. Am liebsten hört sie die anderen singen.

Heute hat sie eine gute Nachricht für ihren Bruder. Der Vorarbeiter ist da gewesen. Sie dürfen für die nächsten fünf Jahre in der Hütte wohnen bleiben. Sie werden nicht getrennt. Von einer Hilfsorganisation kommt das Geld für Maismehl, Kleidung und Schulgebühren. Der Lehrer soll sich ein bisschen um sie kümmern. Und ein bisschen der Vorarbeiter. Und der große Bruder ist ja schon zwölf. Er wird auf der Farm arbeiten wie die Mutter. Und bald, sagt er, wird er selber Mais und Tabak anbauen, und dann haben sie genug zum Leben.

Als der Unterricht am Nachmittag zu Ende ist, nimmt Jane ihren großen Bruder an die Hand. Auf dem Weg nach Hause erzählt sie ihm alles.

Der große Bruder nickt und drückt ihre Hand. Er lacht, und zum ersten Mal seit langem lächelt auch Jane.

Vielleicht wird sie morgen auch wieder zum Unterricht gehen.

Vielleicht. Hoffentlich.

Viel weiß ich ja nicht von Jane. Nur dass sie acht Jahre alt ist. Und dass sie gern lebt in ihrem schönen Land, aus dem die Kraniche kommen.

HERBERT GÜNTHER

Krank, nicht krank

Ich war krank.
Weißt du noch?
Ich war krank
und hatte Schmerzen.

Das Ohr tat mir weh,
der Po tat mir weh.
Ich hatte Schmerzen am –
na, du weißt schon wo.

Der Bauch tat mir weh,
das Bein tat mir weh,
der Zeh tat mir weh.
Alles tat mir weh.

Da kamst du.
Weißt du noch?
Und flupp –
waren die Schmerzen weg.

Das Ohr tat nicht mehr weh,
das Bein tat nicht mehr weh,
der Zeh tat nicht mehr weh.
Nichts tat mehr weh.

Ja, das war gut.

WIM HOFMAN
*Aus dem Niederländischen
von Hedwig von Bülow*

der eigentlich gar keines mehr braucht. Aber da war nun nichts zu machen, die Auslosung war unter Aufsicht eines Notars erfolgt und niemand konnte die Entscheidung ändern.

Umso ernster nahm das Kindermädchen die Angelegenheit: »Du musst dir sehr genau überlegen, was du dir wünschen willst«, erklärte sie dem Jungen, »du hast eine so große Verantwortung – denk mal, all die vielen Kinder, denen du in diesem Augenblick ein Vorbild bist …«

»Sehen mir auch Millionen Eltern zu?«, hatte er nur gefragt, und sie hatte wahrheitsgemäß »Ja« gesagt, womit seine Verantwortung aber keineswegs kleiner wurde. Ein komisches Gefühl war das, fand er, dass es von ihm alleine abhängen sollte, ob Tausende morgen schon lieber Skateboard oder Rad fahren oder mit der Eisenbahn spielen wollten.

Nun aber war es endlich so weit. Die große Uhr zeigte nur noch wenige Minuten bis zur Aufnahme. Schon kam der Quizmaster mit seinen, der ganzen Fernseh-Nation bekannten, ausgreifenden Schritten auf den kleinen Jungen zu. Du lieber Himmel, war der aber dick geschminkt. Er sah aus wie eine Orange. Anfassen durfte man ihn bestimmt nicht, ohne dass er abfärbte.

Mit seiner geübten, weich geölten Stimme sagte er: »Nur keine Bange, junger Freund!« Der kleine Junge hatte aber überhaupt keine Bange. Blöd war dieser Erwachsene!

Eher hatte der Herr Quizmaster Sorge, Lampenfieber nennt man das wohl. Er zupfte sich ständig an seiner Krawatte. Nun, er war ja auch dafür verant- wortlich, dass alles wie am Schnürchen klappte. Es durfte nicht zu lang dauern, aber auch nicht zu schnell gehen. Rasch gab er dem kleinen Jungen seine Anweisungen: »Du musst jetzt schon wissen, was du dir wünschst, verstehst du? Wir haben nicht so viel Sendezeit, dass du mehrere Minuten lang hin und her läufst, dich nicht entscheiden kannst – und womöglich vor der Kamera in der Nase bohrst, haha!«

Der kleine Junge nickte und lachte freundlich über den großartigen Witz, den der bedeutende Mann da gemacht hatte. Er schaute seine Eltern aus den Augenwinkeln an.

Der Quizmaster fuhr in seinen Belehrungen fort: »Du darfst aber auch auf keinen Fall zeigen, dass du deine Entscheidung schon vorher getroffen hast. Du

Krank, nicht krank

Ich war krank.
Weißt du noch?
Ich war krank
und hatte Schmerzen.

Das Ohr tat mir weh,
der Po tat mir weh.
Ich hatte Schmerzen am –
na, du weißt schon wo.

Der Bauch tat mir weh,
das Bein tat mir weh,
der Zeh tat mir weh.
Alles tat mir weh.

Da kamst du.
Weißt du noch?
Und flupp –
waren die Schmerzen weg.

Das Ohr tat nicht mehr weh,
das Bein tat nicht mehr weh,
der Zeh tat nicht mehr weh.
Nichts tat mehr weh.

Ja, das war gut.

WIM HOFMAN
Aus dem Niederländischen
von Hedwig von Bülow

der eigentlich gar keines mehr braucht. Aber da war nun nichts zu machen, die Auslosung war unter Aufsicht eines Notars erfolgt und niemand konnte die Entscheidung ändern.

Umso ernster nahm das Kindermädchen die Angelegenheit: »Du musst dir sehr genau überlegen, was du dir wünschen willst«, erklärte sie dem Jungen, »du hast eine so große Verantwortung – denk mal, all die vielen Kinder, denen du in diesem Augenblick ein Vorbild bist …«

»Sehen mir auch Millionen Eltern zu?«, hatte er nur gefragt, und sie hatte wahrheitsgemäß »Ja« gesagt, womit seine Verantwortung aber keineswegs kleiner wurde. Ein komisches Gefühl war das, fand er, dass es von ihm alleine abhängen sollte, ob Tausende morgen schon lieber Skateboard oder Rad fahren oder mit der Eisenbahn spielen wollten.

Nun aber war es endlich so weit. Die große Uhr zeigte nur noch wenige Minuten bis zur Aufnahme. Schon kam der Quizmaster mit seinen, der ganzen Fernseh-Nation bekannten, ausgreifenden Schritten auf den kleinen Jungen zu. Du lieber Himmel, war der aber dick geschminkt. Er sah aus wie eine Orange. Anfassen durfte man ihn bestimmt nicht, ohne dass er abfärbte.

Mit seiner geübten, weich geölten Stimme sagte er: »Nur keine Bange, junger Freund!« Der kleine Junge hatte aber überhaupt keine Bange. Blöd war dieser Erwachsene!

Eher hatte der Herr Quizmaster Sorge, Lampenfieber nennt man das wohl. Er zupfte sich ständig an seiner Krawatte. Nun, er war ja auch dafür verant-wortlich, dass alles wie am Schnürchen klappte. Es durfte nicht zu lang dauern, aber auch nicht zu schnell gehen. Rasch gab er dem kleinen Jungen seine Anweisungen: »Du musst jetzt schon wissen, was du dir wünschst, verstehst du? Wir haben nicht so viel Sendezeit, dass du mehrere Minuten lang hin und her läufst, dich nicht entscheiden kannst – und womöglich vor der Kamera in der Nase bohrst, haha!«

Der kleine Junge nickte und lachte freundlich über den großartigen Witz, den der bedeutende Mann da gemacht hatte. Er schaute seine Eltern aus den Augenwinkeln an.

Der Quizmaster fuhr in seinen Belehrungen fort: »Du darfst aber auch auf keinen Fall zeigen, dass du deine Entscheidung schon vorher getroffen hast. Du

musst so tun, als ob du all die Spielsachen hier zum allerersten Mal siehst, kapiert? Sonst halten die Zuschauer alles für einen ausgemachten Schwindel …«

»Und es ist wirklich so, dass ganz viele Menschen heute auf mich hören?«, wollte der Junge noch einmal wissen.

»Ganz viele? – Na hör mal, zehn Millionen mindestens, ist das etwa eine Kleinigkeit?«

Nein, das war wohl keine Kleinigkeit.

Der Junge war zufrieden. Seine Mutter bürstete ihm schnell noch einmal die Haare, der Vater seufzte und war froh, dass alles gleich vorbei sein würde.

Die Sendung begann. Da stand der Junge mit dem Quizmaster im blendenden Scheinwerferlicht. Es war heiß wie mitten in Afrika. Der Quizmaster fasste ihn – ach, wie lieb und gütig er doch war! –, an der Hand und führte ihn an den Regalen mit dem aufgebauten Spielkram vorbei. Die Kameras arbeiteten, und der Quizmaster plauderte launig in sein Mikrofon. Er plauderte von den Wunschträumen unzähliger Kinderherzen, die hier sozusagen leibhaftig aus Holz, Metall und Kunststoff und sehr viel Farbe aufgebaut waren – Wunschträume einer ganzen heranwachsenden Generation. Ach, mochte man da nicht selbst wieder ein Kind werden? Wollte nicht jeder in diesem Augenblick dieser kleine Junge hier sein? »Was sind die geheimen Träume unserer Kinder?«, fragte er. »Heute werden wir es erfahren …«

Plaudern konnte er wirklich gut, dieser berühmte Mann.

Aber endlich, nach einer kunstvollen Pause, stellte er die entscheidende Frage:
»Nun, und was wünschst du dir jetzt?«

Gespannte Stille herrschte da nicht nur im Studio, sondern auch vor allen Fernsehgeräten – und in den Verkaufsbüros der vielen Spielwarenhäuser.

Der kleine Junge genoss die Spannung offensichtlich. Der Quizmaster wurde noch ein bisschen nervöser und auf seiner Stirn perlten kleine Schweißtropfen.

Da sagte der Junge: »Ich wünsche mir nur …«

»Nun?«

»… dass meine Eltern manchmal mit mir spielen!«

Dies war eines der ganz wenigen Male, dass der mit allen Wassern gewaschene Quizmaster große Mühe hatte, die Sendung doch noch zu einem guten Ende zu bringen.

MAX KRUSE

Memory

Unglaublich, was Papi alles kann!
Sogar melken und tapezieren.
Seinen Wagen schaut er nur kurz mal an,
dann kann er ihn reparieren.
Beim Wettrennen kommt er als Erster ins Ziel.
Er schnitzt auch ganz toll mit dem Messer.
Nur in einem, nämlich im Memory-Spiel,
da bin ich einfach besser!

Es gibt fast nichts, was Papi nicht kann.
Zum Beispiel schafft er's zu schielen.
In der Fußballelf ist er der beste Mann.
Mein Papi! Der kann spielen!
Der Sonntagsbraten misslingt ihm nie.
Er ist auch ein guter Esser.
Aber abends – haha! – beim Memory,
da bin ich immer besser!

Wie ist das nur möglich, ihr Leute? Ich bin
knapp sechs, und er ist dreißig.
Ein Blick, und schon hab ich's gespeichert im Sinn.
Er aber bemüht sich fleißig.
Ich türme die Kärtchen. Er hat erst zwei.
Er lacht, doch er grollt mir tief innen.
Ach, Papi, mein lieber, was ist denn dabei?
Ich lass dich ja auch mal gewinnen …!

GUDRUN PAUSEWANG

Wenn Anna unsichtbar ist

Wenn Anna unsichtbar ist, sind alle Geräusche anders als sonst. Der Holzfußboden in ihrem Zimmer knarrt wie eine alte Tür. Die Elster, die im Ahorn vorm Fenster wohnt, zetert wie eine Gans. Und das Wasser in den Leitungen gluckert wie ein Instrument in einem Lied von früher.

Wenn Anna unsichtbar ist, sieht sie mehr als sonst. Sie sieht jeden einzelnen Faden des Spinnennetzes an der Schuppentür. Sie sieht das Nicken der Sonnenblumen, die sich mit dem Wind unterhalten. Und sie sieht die schleimigen Spuren der Schnecken auf dem Gartenweg glitzern.

Wenn Anna unsichtbar ist, könnte sie zerspringen vor Glück. Oder sich in Eis verwandeln vor Traurigkeit. Je nachdem.

Anna hebt sich das Unsichtbarsein für besondere Tage auf. Für die hellen, freundlichen. Oder die trüben.

Es ist wie mit den roten Lutschern am Kiosk in der Gartenstraße. Nur ab und zu leistet Anna sich einen. Lutscht ihn ganz langsam. Spürt auf der Zunge, wie er dünn und dünner wird. Bis er schließlich durchsichtig ist und zerbricht. Die Welt sieht aus wie im Bilderbuch, wenn man sie durch einen roten Lutscher betrachtet, hauchdünn.

Unsichtbarsein ist geheimnisvoll. Und gefährlich. Man weiß nie, was passiert. Und wie es ausgeht.

Ob die Katze zum Beispiel merkt, dass Anna unsichtbar ist. Oder ob sie die Krallen ausfährt und nach Annas Beinen schlägt. Sie ist verrückt, diese Katze. Seltsam, alt und verrückt. Man muss das wissen, um mit ihr zu leben.

Mama und Papa merken es immer, wenn Anna unsichtbar ist. »Anna ist wieder unsichtbar«, sagen sie. Und warten einfach ab, bis Anna wieder sichtbar ist. Bei Opa ist es unterschiedlich. Er ist manchmal verwirrt. Dann vergisst er seinen Namen. Und den von Anna auch. Manchmal schaut er Anna direkt in die Augen und lächelt. Obwohl Anna doch unsichtbar ist.

Opa wohnt unterm Dach. Er braucht das, sagt er, über die Häuser zu gucken, über die Bäume und über die Menschen. »Von oben betrachtet«, sagt er, »ist alles so wunderbar klein, dass man keine Angst haben muss.«

Anna weiß, was es heißt, Angst zu haben. Oft liegt die Angst wie ein zu gelbes Licht in den Straßen. Wenn man sie einatmet, ist es auch schon zu spät.

In Opas Wohnung ist keine Angst. Aber auch keine Ordnung. »Ein Schweine-stall«, sagt Mama. »Ich setze da keinen Fuß mehr rein.« Sie weiß nicht, dass Opas Dinge eine eigene Ordnung haben. Eine Ordnung, die nur keiner versteht. Außer Anna. »Du bist und bleibst meine Lieblingsenkelin«, sagt Opa. Dabei hat er nur eine. Aber vielleicht hat er das längst vergessen.

Bei Opa kann Anna stundenlang unsichtbar sein. Opa stört sich nicht daran. Er blättert in Papierstapeln, kramt in Schubladen und breitet Unterlagen auf dem Teppich aus. Er summt dabei leise vor sich hin. Und ab und zu redet er mit sich selbst.

Anna sitzt auf dem ausgebeulten Sofa und sieht ihm zu. Oder sie schaut sich Bilder in den Zeitschriften an, die überall herumliegen. Sie mag die stillen Geräusche, die Opa macht.

Manchmal genügt ein einziges Lächeln von Opa, eine einzige Bewegung seiner großen Hand, dass Anna sich wieder traut, sichtbar zu werden. Oder ganz einfach Lust dazu hat.

»Hallo, Anna«, sagt Opa dann vielleicht. »Wie hübsch du bist. Hättest du Lust auf eine Geschichte?« Er geht in die kleine Küche um einen Kakao zu kochen. Meistens hat er Sahne im Kühlschrank. Extra für Anna.

Opa hat Anna nie gefragt, warum sie manchmal unsichtbar ist. Er stellt nur Fragen, die wichtig sind. Und davon, sagt er, gibt es nur wenige auf der Welt. Mama und Papa haben aufgehört zu fragen. Und der Katze ist es egal. Die ist nur damit beschäftigt, zu fressen und zu schlafen. Und hin und wieder eine Maus zu fangen, wenn ihr danach ist.

Was sollte Anna auch auf eine solche Frage antworten? Sie weiß es ja selbst nicht genau.

»Sei immer du selbst«, sagt Opa. »Du bist nämlich haargenau richtig.«

Opa ist ein kluger Mann.

»Immer du selbst«, sagt er, »ob nun sichtbar oder unsichtbar. Das spielt keine Rolle.« Der klügste Opa von allen. Und der liebste.

»Ich bin froh, dass du da bist«, sagt Anna und schiebt ihre Hand in seine.

»Und ich bin froh über dich«, sagt Opa.

Irgendwann, denkt Anna, werde ich vor lauter Glück so leicht sein wie ein
Luftballon.
Opa drückt ihre Hand. Als wollte er Anna festhalten.
Dabei würde sie niemals wegfliegen ohne ihn.

MONIKA FETH

Envälitä

Am Waldrand, in einem kleinen Holzhaus, wohnte ein Mann, der sich
Envälitä nannte. Das ist Finnisch. Auf Deutsch bedeutet das Wort:
Ichmagnicht. Der Mann war nicht mehr jung, aber er war auch noch nicht alt.
Seine Frau, falls er mal eine Frau gehabt hatte, wohnte irgendwo anders oder
war schon gestorben. Und die Kinder, falls er eine Frau gehabt und die Frau
Kinder bekommen hatte, die Kinder waren schon aus dem Haus. Envälitä lebte
allein am Waldrand, weil er die Städte nicht mochte. Er mochte auch keine
Dörfer. Und andere Menschen mochte er auch nicht. Warum er sie nicht mehr
mochte, darüber wollte er ein Buch schreiben.
Er hatte schon mehrere hundert Seiten geschrieben, aber das Buch war noch
lange nicht fertig. Immer wieder fiel ihm etwas Neues ein, warum er die
Menschen nicht gerne mochte.

Eines Tages verirrte sich eine junge Katze in sein Haus. Das Kätzchen legte
sich auf die Schreibmaschine von Envälitä und miaute. Envälitä mochte keine
Katzen.
Er packte das Kätzchen im Nacken und warf es aus dem Fenster. Das Kätzchen

miaute weiter vor dem Fenster. Es miaute hinter der Tür. Es miaute am Tag und in der Nacht.

Wenn er eine Tür offen ließ, lief das Kätzchen blitzschnell hinein. Warf er es hinaus, kam es durch ein offenes Fenster wieder hereingesprungen.

Envälitä schimpfte und fluchte! Aber das Kätzchen hatte sich entschlossen zu bleiben. Wo immer der Mann hinging, kam es hinterher. Sogar ins Badezimmer drang es ein. Mit einem beachtlichen Geschick sprang es hoch auf die Türklinke. Als die Tür einen Spalt aufging, schlüpfte es hinein. Es setzte sich auf einen Hocker und sah dem Mann beim Baden zu.

Envälitä war wütend! Nicht einmal an seinem Schreibtisch fand er Ruhe. Er horchte nur noch nach einem Laut oder einem Geräusch von der Katze. Hörte er was, stand er auf und rannte hin. Manchmal fand er das Tier und warf es hinaus. Manchmal war es ein anderes Geräusch gewesen, das er gehört hatte. Oder er hatte sich das Geräusch nur eingebildet.

Nachts hörte er die Katze draußen miauen, und dann konnte er nicht mehr schlafen.

So vergingen mehrere Tage und Nächte.

Einmal kam er von seinem Spaziergang zurück und fand das Kätzchen auf dem Küchentisch. Es war dabei, die Butter von einer Untertasse abzulecken. Envälitä packte das Kätzchen im Nacken und schrie: »Jetzt habe ich aber genug! Wenn ich dich noch einmal hier sehe, bringe ich dich um!«

Er schleuderte die kleine Katze im hohen Bogen aus dem Fenster. Das war wohl genug. Das Kätzchen kam nicht wieder.

Endlich habe ich meine Ruhe, dachte der Mann und setzte sich an seine Schreibmaschine. Aber ihm fiel nichts ein. Er saß gespannt auf seinem Schreibtischstuhl und horchte auf einen bekannten Laut oder auf ein Geräusch.

Aber er hörte nichts.

Er ging in das Badezimmer, ließ Wasser einlaufen. Er öffnete die Tür einen Spalt, bevor er sich in die Badewanne legte. Aber das Kätzchen kam nicht.

Er suchte nach ihm in der Küche, im Wohnzimmer und im Schlafzimmer. Er suchte auf dem Hof. Er ging in den Wald und sah die Bäume nicht. In jedem kleinen grauen Stein sah er ein kleines grau gestreiftes Tier mit großen erstaunten Augen.

Nachts saß Envälitä auf der Treppe vor seinem Haus, rauchte eine Zigarette nach der anderen und horchte.

An sein Buch dachte er nicht mehr. Er setzte sich auch gar nicht erst an den Schreibtisch.

Er machte lange Spaziergänge in den Wald und besuchte auch das nahe gelegene Dorf.

Er kaufte sich Zigaretten im Zigarettenladen und fragte den Verkäufer hinter der Theke: »Haben Sie zufällig ein kleines grau gestreiftes Kätzchen gesehen?«

»Mehrere!«, antwortete der Verkäufer. »In diesem Dorf gibt es viele grau gestreifte Kätzchen!«

Envälitä zuckte die Schultern. Als er sich Milch kaufte, fragte er auch die Verkäuferin in dem Laden nach der Katze.

»Fragen Sie die Kinder!«, sagte die Verkäuferin. »Die Kinder kennen sich am besten mit herumstreunenden Katzen aus.«

Envälitä fragte die Kinder, die auf einer Wiese spielten.

Am nächsten Tag kamen drei Kinder mit drei Kätzchen zu ihm. Das eine war schwarz und hatte weiße Pfoten. Das zweite war grau und hatte zwei weiße Flecken auf der Brust. Das dritte Kätzchen war rot gestreift.

»Meine Katze ist grau gestreift!«, brummte Envälitä, als er die Katzen sah.

Die Kinder nahmen die Katzen wieder mit und gingen nach Hause.

Envälitä besuchte das Dorf jetzt häufiger. Wie nebenbei fragte er immer wieder, ob jemand eine kleine grau gestreifte Katze gesehen hätte.

Die Kinder zeigten ihm verschiedene Katzen. Einige von ihnen waren grau gestreift, aber das grau gestreifte Kätzchen, das er suchte, war nicht dabei.

Auf der Schreibmaschine von Envälitä sammelte sich Staub. Envälitä setzte sich nicht an den Schreibtisch. Er machte Spaziergänge in den Wald. Er ging in das Dorf und kaufte sich Zigaretten, Kaffee und Lebensmittel. Er kaufte auch jedes Mal eine Dose Katzennahrung.

Nach einigen Wochen, als er vom Einkauf im Dorf zurückkehrte, sah er die Katze auf dem Küchentisch sitzen.

Sie leckte gerade den letzten Rest der Butter von der Untertasse. Als Envälitä hereintrat, duckte sie sich und wollte herunterspringen. Die beiden sahen sich an.

Envälitä ging langsam auf die Katze zu, streichelte ihr über den Rücken und sagte mit sanfter Stimme: »Habe ich dir erlaubt, die Butter von meinem Teller zu fressen?«

Er trug das Kätzchen in sein Arbeitszimmer und gab ihm einen Platz auf der Couch. Dann ging er an seinen Schreibtisch, setzte sich und fing an zu schreiben. Die Katze schlief ein, und der Mann, der Ichmagnicht hieß, schrieb. Was er schrieb, weiß noch keiner. Denn sein Buch ist noch nicht fertig. Aber es kann keine ganz traurige Geschichte sein, denn hin und wieder lächelt er glücklich dabei.

MARJALEENA LEMBCKE-HEISKANEN

Was ist Zeit?

Was ist Zeit?
Manchmal spür ich sie, wenn ich Langeweile hab.
Da ist sie ganz dick da,
wie Teig, der einem an den Fingern klebt.
Aber wenn ich rennen muss,
damit ich den Schulbus noch erwische,
ist sie wie ein dünner Faden,
der immer kürzer wird.

Von meinem fünften Geburtstag bis zu meinem sechsten –
was für eine Ewigkeit war das!
Omi aber sagt, bei ihr gehe alles immer schneller:
Jetzt sei sie schon sechzig,
aber ihr kommt's so vor,
als sei ihr fünfzigster Geburtstag
erst gestern gewesen.

Nein, Zeit ist nicht so gleichmäßig,
wie die Uhr uns mit ihrem Ticktack weismachen will.
Die Zeit dehnt sich und schnurrt zusammen, je nachdem.
Bin ich auf Olivers Geburtstagsfeier,
vergeht sie so schnell wie ein Seufzer.
Aber als ich im Krankenhaus lag,
ist sie kaum vorangekrochen.

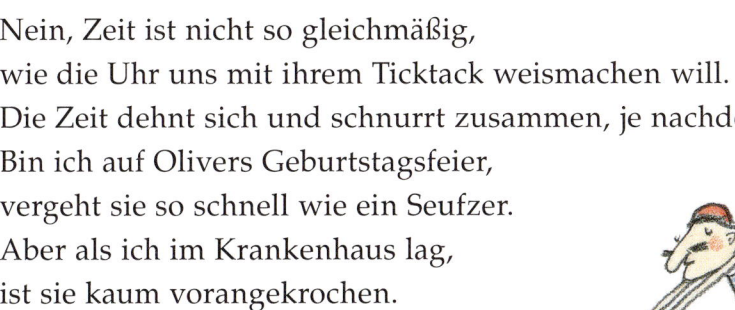

Opi ist schon dort, wo's keine Zeit mehr gibt.
Dort, wo die Toten sind.
Dort passiert ja nichts mehr.
Wo nichts passiert, gibt's keine Zeit.
Wo's keine Zeit gibt, gibt's keine Angst
Und keine Warterei und keine Sehnsucht.
Dort ist man wunschlos glücklich, glaube ich.

GUDRUN PAUSEWANG

Der Hund

Ich wollte schon immer einen Hund haben. Er müsste kein Rassehund sein. Er müsste auch kein glattes oder zottiges Fell haben, das schwarz oder rotbraun ist. Er müsste nicht besonders fröhlich oder mutig sein. Er müsste nur mir gehören.

Meine Mama mag es, wenn zu Hause Ordnung ist, und deshalb ist sie mit einem Hund nicht einverstanden. Sie sagt, Hunde würden Krankheiten mit nach Hause bringen.

Mit einem roten Filzstift habe ich meinen Hund in ein Heft gemalt. Ich habe ihn ein bisschen an den Ohren gestreichelt.

»Du bist mein Hund«, flüsterte ich. »Ich werde mit dir spazieren gehen und niemand wird es wissen.«

Wir gingen gleich nach dem Mittagessen nach draußen. Als ich an einer Frau vorbeiging, die einen Boxer an der Leine hielt, begann dieser zu bellen und sprang mich an.

Die Frau hielt die Leine, so fest sie konnte, und betrachtete mich mit Neugierde.

»Ich weiß nicht, was mit ihm los ist«, sagte sie und zuckte mit den Schultern.

»Er geht nie auf Menschen los. Bei Hunden ist es etwas anderes. Da lässt er keinen in Ruhe, dieser Held.«

Der Held war furchtbar wütend und versuchte, mich anzufallen.

»Wahrscheinlich spürt er einen Hund«, sagte ich und lächelte.

»Na, wenn du einen Hund hast, dann ist das schon möglich!«, rief sie beim Weggehen, wobei sie die Leine mit dem keifenden Helden hinter sich herzog.

Zu Hause setzte ich mich in meine Ecke und der Hund legte sich neben mich. Ich malte zwei tiefe Schüsselchen für ihn.

»In dem einen hast du Wasser«, erklärte ich ihm für alle Fälle. »Deshalb sieht man nichts. In dem zweiten ein Würstchen und ein paar Knochen.«

Die Knochen sahen auf meiner Zeichnung etwas merkwürdig aus.

»Trag den Müll hinaus«, bat mich Mama und stellte den Mülleimer an die Tür.

»Bin gleich wieder da«, flüsterte ich dem Hund zu.

Er musste hungrig gewesen sein. Von den Knochen war keine Spur mehr zu sehen. Er hatte eine zufriedene Miene und es schien mir, dass er sich die Schnauze leckte.

»Ich werde dir einen Wald malen«, beschloss ich. »Und die Sonne, damit du dich immer von ihr wärmen lassen kannst.«

Der Wald war groß und dunkel. Es wohnten verschiedene Tiere in ihm: Füchse und Kaninchen, Äffchen und rote Löwen.

»Die habe ich extra so gemalt«, erklärte ich meinem Hund. »Die roten Löwen sind ganz zahm. Wie Lämmchen.«

Ich malte noch einen See, damit die Tiere etwas hatten, woraus sie trinken konnten. Und dann ging ich zum Abendessen.

Als ich zurückkam, war der Hund nicht mehr da. Neben den leeren Schüsselchen war der dunkle Wald.

Nachts konnte ich nicht schlafen. Ich fragte mich die ganze Zeit, was passiert war, machte mir Sorgen und bereute, dass ich die Löwen gemalt hatte, denn obwohl die roten zahm waren, so bleibt ein Löwe immer noch ein Löwe.

Ich machte die Lampe an. Neben die Hundeschüssel malte ich ein Mädchen.

Sie hatte ein Nachthemd mit grünen Streifen an – so wie ich.

Als das Licht wieder aus war, spürte ich eine frische Brise und den Geruch von Kiefern und Gras, feucht von Tau.

Der Hund schlief eingerollt unter einer Eiche mitten auf einer Lichtung.

Sein Fell war rau und warm.

»Wach auf!«, bat ich ihn. »Ich bin gekommen um dich zu holen.«

»Warum weckst du mich?«, bellte er und gähnte breit.

»Du erkennst mich doch«, fing ich unsicher an. »Ich möchte nicht, dass du für so lange Zeit verschwindest … Ich mache mir Sorgen.«

»Von wo verschwinde ich denn?«, wunderte sich der Hund.

Ich versuchte, es ihm zu erklären. Bevor ich fertig war, fiel er in einen leichten, aber unruhigen Schlaf. Er träumte wohl etwas Beunruhigendes – er winselte und schlug nervös mit dem Schwanz gegen die Erde.

Es war kühl. Ganz in der Nähe zogen zwei vom Mond verlängerte Löwen-schatten an uns vorbei. »Ich muss zurück«, dachte ich.

»Bleib bei mir«, bat mich plötzlich der Hund. »Ich habe geträumt, ich sei aus Papier«, fügte er hinzu. »Du kannst dir nicht vorstellen, was das für ein komisches Gefühl ist.«

»Alles wird gut«, flüsterte ich.

Es begann zu dämmern.

ANNA ONICHIMOWSKA
Aus dem Polnischen von Joanna Manc

Die Kröte und der Frosch

»Kröte, du bist hässlich!«,
sang der Frosch. Er saß am Teich
und quakte grässlich.

Der Frosch sang sein Lied
so schief, so schrecklich,
dass es zu regnen begann
und starker Wind aufkam.

Bald prasselt und gießt es,
der Frosch fast ertrinkt
verzweifelt mit den Armen winkt:
»Hilf mir, Kröte, hilf mir!«

»Dein Gesang war ärgerlich,
doch komm ich und rette dich.
Äußerlich mag ich hässlich sein,
in meinem Herzen bin ich rein.
Ich bin eine gute Kröte.«

GLORIA FUERTES
Aus dem Spanischen von Paula Peretti

Der Wellensittich Clara
Eine Lautundleiselesegeschichte

Jens war acht Jahre alt, hatte dunkelbraune Strubbelhaare, eine etwas schiefe Nase und einen breiten Mund.

Und: Jens war der beste Tierstimmennachmacher der Welt. Behauptete er zumindest und niemand hatte ihm bisher das Gegenteil beweisen können.

Am besten konnte er Affen nachmachen. Er blies die Backen auf und redete wie ein Affe: »Käg chräk krikri kägur.«

Oder er fauchte wie ein Löwe: »Chrrrrrrh chrrrrhhh!«

Manchmal stellte er sich vor, nachts allein im Wald zu sein. Auf einem Ast hockte ein riesengroßer Uhu und rief dunkel: »Buho buho buhöi, hohohoho, buho buhooö.« Da bekam selbst Jens eine Gänsehaut. Er sah Gespenster und grässliche Unholde über die Lichtung wanken.

Heute wollte Jens in den Zoo gehen und seinen schwarzen Pantherruf testen. An einem echten schwarzen Panther. Der würde Augen machen, wenn er in echter Panthersprache mit ihm redete: »Rrrrrrchrrrk rrrrchrkkrrrrkrrr.« Sie könnten sich richtige Geschichten erzählen.

Als Jens aus dem Haus trat, sah er Laura. Sie saß auf der Treppe und rieb sich die Augen. Sie weinte. Laura wohnte im Nebenhaus, sie war zwei Jahre jünger als Jens. Sie war klein und dick, hatte lustige Locken und freundliche Augen, meistens jedenfalls.

Jens setzte sich neben sie. »Was ist denn los?«, fragte er.

Laura schniefte und redete ganz schnell: »Die Katze ist aufs Fensterbrett und der Hund hat gebellt, der vom Supermarktheini, und dann noch das Tatütata von einem Krankenwagen. Da ist sie weggeflogen und die Katze gleich hinterher. Sie hat sie bestimmt gefressen.«

»Wen denn?«, wollte Jens wissen.

»Clara«, sagte Laura und heulte wieder los, sodass Jens tröstend den Arm um ihre Schulter legte.

»Mein neuer Wellensittich«, schniefte Laura.

Ach so, dachte Jens, da war nur ein Wellensittich abgehauen.

»Ich helfe dir«, sagte er. »Ich fange Clara wieder ein. Und weißt du wie?« Laura sah ihn fragend an. »Ich locke sie bis in den Käfig. Wo ist der Käfig überhaupt und wann ist das passiert?«

»Gerade eben«, sagte Laura. Sie weinte nicht mehr und meinte nur: »Du kriegst auch einen Kuss, wenn du das schaffst.«

»Na ja«, sagte Jens, ein Kuss war ja nicht so seine Sache. »Mal sehen.«

Sie zogen los in den Hof des Nachbarhauses. Jens stellte sich in die Mitte des Hofes und machte: »Türüli türüli türüli.«

Laura staunte nicht schlecht. »Aber das klingt mehr wie ein Kanarienvogel«, sagte sie.

Jens versuchte es noch einmal: »Pilü piliki pililü Kick kick.« Aber das gefiel ihm nicht. »Soll ich mal einen schwarzen Panther nachmachen?«, fragte er. »Krchrrrz krez krrrrrrrarrrrrrr«, fauchte er los. Laura machte vor Schreck einen Schritt rückwärts.

»Aber damit verjagst du ja Clara«, sagte sie. In dem Moment sprang ein Schatten vom Ast der Kastanie über die Mauer und verschwand hinter dem Schuppen.

Jens hörte auf zu fauchen. »Was war das?«

»Ich hab Angst«, sagte Laura und hielt sich dicht an Jens.

»Ein Panther, ganz klar«, flüsterte Jens. »Jetzt locke ich ihn heraus.«

»Bist du verrückt!«, flüsterte Laura entsetzt. »Wenn er uns angreift? Und Clara?«

»Oder ich mache einen Löwen«, überlegte Jens. »Dann bekommt der Panther Panik und haut ab!«

»Ich habe große Angst«, flüsterte Laura und griff nach Jens' Hand. Aber er schüttelte sie ab und blies die Backen auf: »Groah groah groachchch«, brüllte er wie ein gewaltiger Löwe.

Der dunkle Schatten sprang auf das Schuppendach und verschwand zur Straße.

»Das war ja nur die Kellerkatze!«, rief Laura erleichtert.

»Schade«, sagte Jens. »Ein Panther wäre mir lieber gewesen.«

Er ging zur Hofmauer und kletterte hinauf. »Wie sieht denn dein Vogel aus?«, fragte er.

Laura erklärte es ihm: »Clara ist dunkelblau, nein, mehr hellblau, so wie meine Augen, sagt Mama. Aber vorn an der Stirn ist sie gelblich und ihr Schnabel ist weiß, nein orange oder so.«

»Gut«, sagte Jens. »Sie sieht also aus wie ein Wellensittich.«

Er versuchte wieder den Wellensittich nachzumachen: »Riki riki kirio kirio krö. Etwa so?«

Laura schaute nicht sehr überzeugt aus und Jens meinte entschuldigend: »Na ja, Löwen und so kann ich einfach besser. Vielleicht mache ich mal einen Bussard, dann bekommt Clara einen Schreck und fliegt in den Käfig!«

Während nun Laura loszog um den Käfig zu holen, machte Jens zuerst einen Bussard nach: »Hiäh hihä.« Und dann den Ruf des Uhus. »Schu-hu-hu-schu-hu …«

Da! Plötzlich sah er einen blauen Punkt vorbeischwirren. Clara! Sie flog einmal um Jens' Kopf und setzte sich an den Mauersims unterhalb des Fensters zum ersten Stockwerk.

»Da bist du ja«, sagte Jens und hielt dem Vogel seinen ausgestreckten Zeigefinger hin. Greifen konnte er nicht nach dem Vogel, dazu war die Mauer, auf der er stand, nicht hoch genug.

Laura kam mit dem Käfig und reichte ihn Jens.

»Du darfst sie nicht erschrecken«, sagte Laura. »Sie darf bloß nicht wegfliegen!«

»Ich mach das schon«, beruhigte sie Jens und zwitscherte wie eine Drossel: »Zick zick trilü trilü zick zick trilü.«

Clara musterte ihn neugierig, so seltsame Geräusche hatte sie noch nie gehört.

»Die Katze!«, flüsterte Laura plötzlich, und Jens sah die gestreifte Katze den Ast zum Haus entlangschleichen, mit festem Blick auf den Wellensittich.

»Was soll ich machen?«, fragte er.

»Du musst sie retten«, sagte Laura. »Irgendwie, bitte!«

»Leichter gesagt als getan«, sagte Jens leise. Die Katze schlich langsam auf dem Ast näher. Ihr ganzer Körper war gespannt, geduckt setzte sie Tatze vor Tatze.

»Sie tut so, als wäre ich gar nicht hier«, sagte Jens. »Sie ist ganz schön unverschämt und die Mordlust sprüht ihr aus den Augen. Schade, dass ich sie nicht mal ordentlich erschrecken darf!«

»Sie will Clara fressen«, flüsterte Laura entsetzt.

Ich muss sie aufhalten, dachte Jens, sofort. Die Katze war schon fast an der Hausecke, der Ast endete genau an dem Mauervorsprung, auf dem Clara ahnungslos hockte.

»Fiep fiep fiiiep«, machte Jens ganz leise. Die Katze zuckte mit einer Pfote.

»Fiep fiep fiiiep«, machte Jens in die hohle Hand. Ein Mäuschen, wirklich super echt. »Fiiiep fiiep.« Die Katze war irritiert und blickte zu Boden.

Jens kletterte von der Mauer, ruhig, langsam, dabei machte er immer weiter seine Mausgeräusche. Dann ging er hinter den Schuppen und lockte die Katze, die ihm neugierig folgte. Tatsächlich, ihre Augen suchten das Mäuslein, das sie so gerne verspeisen wollte.

»Fiep fiep fiep«, machte Jens und grinste Laura siegessicher an. Plötzlich sprang die Katze in den Schuppen. Im gleichen Moment flog Clara von der Mauer und landete auf dem Käfig. Jetzt konnte Laura sie mit einem Stückchen Hirsekolben hineinlocken.

»Danke«, sagte Laura, nachdem Clara wieder in Sicherheit und der Käfig geschlossen war.

»Nun krieg ich einen Kuss!« Jens hielt Laura die Backe hin. Laura drückte einen schmatzenden Kuss darauf und lachte.

»Jetzt gehe ich zum schwarzen Panther«, sagte Jens. »Wenn du willst, kannst du ja mitkommen.« Und nachdem Laura Clara mitsamt Käfig nach Hause gebracht hatte, zogen die beiden los, einem Abenteuer mit dem schwarzen Panther entgegen.

KURT WASSERFALL

Jonathan Jo

Jonathan Jo
Hat 'n Mund wie ein »O«
Und 'n Karre voll Krimskrams die Menge.
Sag, du brauchst einen Bart
Oder was in der Art,
Er hat Bärte in jeglicher Länge.

Oder willst du 'nen Ball?
Kein Problem, ganz egal;
Und je mehr du verlangst, desto besser –
Einen Reif, der sich dreht,
Eine Uhr, die nie steht,
Einen Terrier, ein blitzendes Messer.

Jonathan Jo
Hat 'n Mund wie ein »O«,
Aber was mir am meisten gefällt, ist:
Für ein Lächeln gibt er
Dir das alles und mehr,
Weil bei ihm alles ganz ohne Geld ist!

A. A. MILNE
Aus dem Englischen von Christa Schuenke

Wenn Gabi ihre Milch ...

Wenn die Gabi nicht ihre Milch verschüttet hätte, dann, ja dann hätte Papa seine rote Socke nie wieder gefunden. Bestimmt!
Abendessenszeit. Mama und Gabi sitzen am Tisch. Mama schneidet Brot, Gabi trinkt Milch, Papa sucht. Seine zweite rote Socke. Eine hat er an. Die andere ist weg. Spurlos verschwunden. Flora, die Schildkröte, sitzt unterm Tisch. Flora frisst Salat. Flora kümmert sich nicht um Papas Gebrüll. Dafür aber Gabi und besonders Mama. Die regt sich auf. Weil Papa sich so aufregt. Der schimpft und flucht, wühlt im Schrank und findet nicht die rote Socke. »Wo ist die Socke, wo?«, schreit Papa, und Mama schüttelt den Kopf und sagt: »Pass doch auf deine Sachen auf. Ewig räum ich hinter dir her!« Gabi schüttelt auch den Kopf und muss lachen. Der Papa ist ein Schlamper. Das hat er jetzt davon. »Sie muss wo sein, sie muss!«, schreit Papa und schaut in allen Manteltaschen nach. Da ist die Socke nicht. Socken sind selten in Manteltaschen ...
Papa sucht und flucht. Mama schneidet verbissen Brot, Gabi grinst und trinkt Milch. Flora frisst Salat. Seelenruhig. »Flix noch mal, helft mir doch suchen!«, schreit Papa und haut mit der Faust auf den Tisch. Und da passiert's ...
Gabi erschrickt, stößt ans Glas, das Glas kippt um. Die Milch läuft raus. Erst auf den Tisch. Dann vom Tisch runter ... runter auf Flora und auf den Salat.
Flora erschrickt, lässt Salat Salat sein und saust los. Wenn man bei Schildkröten von Sausen sprechen kann. Saust unter den Küchenschrank, in die hinterste Ecke.
»Da haben wir's!«, schreit Mama und wischt die Milch auf.
»Nichts haben wir!«, brüllt Papa und zeigt auf seinen sockenlosen Fuß.
»Ich kann nichts dafür«, schluchzt Gabi, »der Papa ist schuld.«
Und Mama, Papa und Gabi schreien und rufen und schluchzen durcheinander, dass die Wände wackeln. Und plötzlich sind alle still. Mit einem Schlag ...
Da wandert was ganz langsam durch die Küche. Was Rotes. Wackelt um Stuhlbeine, wackelt über den Teppich, wandert hin zum Salatblatt ... eine rote

Socke. Die rote Socke! Genau die, die Papa gesucht hat. Wandert durch die Küche, deutlich sichtbar …

»Meine Socke!«, flüstert Papa.

»Die Socke!«, wispert Mama.

»Die Socke kann laufen!«, staunt Gabi.

Da ist die Socke am Salat und … da fängt die Socke an, gemütlich am Salatblatt zu kauen … nein, nicht die Socke! Die Flora! Flora mit der Socke obendrauf. Oben auf dem Panzer. Die rote Ferse hängt ihr überm Kopf.

Flora hat die Socke gefunden! Unterm Küchenschrank! Also, wenn Gabi nicht ihre Milch verschüttet hätte, dann hätte Papa seine rote Socke nie wiedergekriegt! Bestimmt!

GUDRUN MEBS

Jedes Ding hat Sinn und Zweck.
Immer, wenn ich Spritzgebäck
in den Kaffee fallen lasse,
spritzt der Kaffee aus der Tasse.

FRANTZ WITTKAMP

Fisch

Fisch, pass auf!
Du siehst einen Wurm.
Aber den Haken,
den Haken siehst du nicht.
Pass auf!

Ja, Fisch,
das kommt davon:
Jetzt liegst du im Topf.
Ich seh noch das Messer …
Wo ist dein Kopf?
Weißt du das nicht?

Du weißt es nicht.
Du bist dumm, Fisch.
Zisch,
Fisch.

WIM HOFMAN
Aus dem Niederländischen von Hedwig von Bülow

Timons Malprogramm

Timon will Papa zum Geburtstag etwas ganz Besonderes schenken – selbst gemalte Bilder. Timon möchte sie aber nicht mit Buntstiften malen, sondern mit Papas Computer. Ist doch kinderleicht, sagt Timon. Und heute darf Timon loslegen. Da hat Papa nämlich frei und braucht den Computer ausnahmsweise nicht.

»Und wie die Maus funktioniert, das weißt du?«, fragt sein Papa nun bereits zum vierten Mal. Timon guckt böse. Klar, weiß Timon das. Schließlich ist er kein Wickelbaby mehr.«

»Na gut«, sagt Papa und zieht die Tür hinter sich zu. Schnell dreht Timon den Schlüssel herum. Zur Sicherheit. Denn Papa vergisst manchmal anzuklopfen. Vorsichtig kramt Timon seinen geheimen Zettel aus der Hosentasche. Schreiben kann er noch nicht. Also hat er seine Bildideen aufgemalt: ein Schwein für ein Bauernhofbild, einen Sonnenschirm mit Muscheln für ein Strandbild und eine Schlange für ein Zoobild.

»Hm«, murmelt Timon. »Das wird eine Menge Arbeit.« Also flitzt er zum Schreibtisch und klettert auf den großen Stuhl. Papa hat ihn extra für Timon höher eingestellt. Seinen Ideenzettel legt Timon neben die Tastatur.

»Ah, da«, brummelt Timon wie ein beschäftigter Computerprofi, als er den winzigen Pfeil auf dem Bildschirm entdeckt. Ohne hinzugucken schnappt er nach der Computermaus und schiebt sie ein kleines Stück über den Schreibtisch. Wie von Geisterhand geführt, folgt der Pfeil Timons Bewegungen. Klar weiß Timon, dass es kein Trick ist. Hat Papa ihm doch alles erklärt. Trotzdem beobachtet Timon aufmerksam, wie der Pfeil von oben nach unten, von links nach rechts und kreuz und quer saust. Da muss selbst ein Computerspezialist wie Timon sich schieflachen.

»Klappt's, Timon?«, ruft Papa plötzlich aus dem Flur. Timon starrt über die Schulter zur Tür. Hätte er doch beinahe die Geburtstagsüberraschung vergessen. »Ja-aa«, ruft er und macht sich schleunigst an die Arbeit. In aller Ruhe guckt er sich erst mal das Malprogramm an. Schließlich muss er wissen, wie es funktioniert. Papa durfte er ja nicht fragen. Dann wäre die Überraschung futsch. Papa musste aber das Malprogramm starten. Das kann Timon noch nicht allein.

Timons Gesicht wird finster. »Komisch«, wundert er sich. »Wo sind bloß die Buntstifte? Schwarz ist doch total langweilig.« Timon plustert seine Wangen auf. Seine Nase drückt er fest gegen das kalte Glas des Bildschirms. Wenn Timon den Mauspfeil langsam über das weiße Viereck in der Mitte schiebt, wird der zu einem Stift. Aber nur zu einem weißen mit einer schwarzen Spitze. »Das soll ein Malprogramm sein?«

Langsam wird Timon ungeduldig. So wird er nicht mal zu Weihnachten fertig. Vielleicht muss er einfach nur irgendwo klicken. Das macht Papa auch immer so. Also klickt Timon. Mal hierhin, mal dahin. Aber Buntstifte gibt's nirgends. Nur diesen langweiligen mit der schwarzen Spitze. Da hat Timon eine Idee: Auf die kleinen Bildchen sollte er klicken. Und während Timon eins nach dem anderen ausprobiert, wandert seine Zunge von rechts nach links und wieder zurück. Doch kaum hat Timon das fünfte Bildchen angeklickt, beginnt plötzlich irgendwas in Papas Zimmer komische Geräusche zu machen. Timon sieht sich um. Was ist das? Er linst unter den Schreibtisch, sieht hoch zum Bücherregal, zum Fenster, dann rüber zum Globus, zum Schrank und zur Tür. Nichts zu sehen. Zumindest nichts, was so komische Geräusche von sich gibt. Also steht Timon auf und guckt noch mal gründlich. Da entdeckt er was, hinten in der Arbeitszimmerecke, neben einem riesigen Stapel alter Zeitungen – einen seltsamen grauen Kasten. Timon hockt sich davor und lauscht. Timon freut sich. Er hat den Krachmacher entdeckt. Seine Augen huschen zwischen Bildschirm und grauem Kasten hin und her. Plötzlich werden seine Wangen rot. Genau in diesem Moment spuckt der seltsame Kasten ein weißes Malblatt aus. Timon strahlt bis über beide Ohren. »Also doch ein Malprogramm«, freut er sich und springt auf. Er will sehen, wo er draufgeklickt hat. Erstaunt begutachtet er das

Bildchen auf dem Bildschirm. »So funktioniert das«, stellt er fachmännisch fest. Und zur Sicherheit, ob er das Malprogramm richtig verstanden hat, probiert er es gleich noch mal – Klick. Und tatsächlich, das Malprogramm gibt Timon das nächste Blatt Malpapier. Und weil Timon ja drei Bilder malen will, klickt er gleich noch ein drittes Mal – Klick.

Timon schnappt sich die Malblätter und trägt sie hopsend zum großen Tisch an der Wand. Er braucht ja viel Platz zum Malen. Außerdem muss er irgendwo die vielen Buntstifte ausbreiten. Papa soll schließlich die schönsten Geburtstagsüberraschungsbilder kriegen, die er je gesehen hat.

»Aufstehen«, drängelt Timon.

»Was ist los?«, grummelt sein schlaftrunkener Papa und gähnt.

»Herzlichen Glückwunsch zum Burzeltag«, ruft Timon vergnügt. Sein Papa scheint sich langsam zu erinnern. Schlagartig wird Papas müdes Gesicht fröhlich.

Timon hat kaum geschlafen. So aufgeregt war er. Was Papa wohl zu seinen Malprogrammbildern sagen wird? Er überreicht Papa die Rolle mit den drei Überraschungsbildern. »Die Schleife hab ich selbst verknotet.«

Papa gibt Timon einen dicken Ich-hab-dich-lieb-Kuss auf die Stirn.

»Danke, mein liebster Timon.«

Vorsichtig öffnet Papa den festen Schleifenknoten. Er entrollt das erste Bild. Lange und ausgiebig betrachtet er es. Seine Augen werden dabei groß und größer. Timon strahlt. »Hab ich mit dem Malprogramm gemacht. Ganz allein«, erklärt er stolz.

»Mit dem Malprogramm?«, fragt Papa sichtlich sprachlos.

Timon nickt. »Klar!«

Papa nimmt Timon fest in den Arm. So sehr freut er sich. »Das ist mein schönstes Geburtstagsgeschenk.«

»Aber du kriegst doch noch mehr«, wundert sich Timon.

»Ich weiß es aber jetzt schon.« Und im gleichen Moment packt er Timon und kitzelt ihn, dass Timon aufkreischt. »Du bist mir vielleicht ein Computerspezialist.«

»Ich weiß«, erwidert Timon. »Ich komme ja bald zur Schule.«

FRANK STIEPER

Kleiner Maler Immergrün

Kleiner Maler Immergrün
aus dem Städtchen Stolpe
fiel von einem Turm herab
fiel auf eine Wolke

Kleiner Maler Immergrün
fand den Himmel viel zu grau
setzt den großen Pinsel an
und malt den Himmel blau

Kleiner Maler Immergrün
ist der Sonne bester Freund
wenn sie tief am Himmel steht
Immergrün gleich mit ihr geht

HALFDAN RASMUSSEN
Aus dem Dänischen von Hedwig von Bülow

Der Rat der Himbeereisfee

»Weil du klein und blöd bist!«

»Das sag ich …«

»Weil du immer petzst!«

»Das ist nicht …«

»Weil du keinen Spaß verstehst!«

»Du auch nicht!« Endlich schaffte Andrea es, zurückzuschlagen. Aber Erika sauste schon mit ihren Inlinern über den Bürgersteig, nur ihr rotes T-Shirt schimmerte noch zwischen den Hecken hindurch.

Andrea setzte sich auf die Schaukel und stieß sich wütend ab, bis die Schaukel hoch über den Obstbäumen schwang. Immer muss ich im Garten bleiben! Erika macht, was sie will! Mich nimmt sie nie mit! Beschimpft mich ständig! Will nicht mit mir spielen! Und das alles nur, weil ich fünf und sie neun ist! Andrea spürte einen dicken Kloß im Hals. Es war so ungerecht! Die Eltern mochten Erika offensichtlich lieber, denn sie durfte alles – und Andrea nichts!

»Warum lässt du dir das denn gefallen?« Die Stimme kam von der Straße her. Andrea hob den Kopf. Am Gartenzaun lehnte eine rothaarige Frau. Sie trug eine mit Bienen bestickte Bluse und eine Schlaghose mit großen Blümchen drauf. In der Hand hielt sie ein riesiges Hörnchen mit Himbeereis.

Andrea schaute sie verdutzt an. Woher wusste die Frau, was in ihr vorging? Hatte sie vielleicht ihren Streit mit Erika gehört?

»Natürlich«, nickte die Unbekannte. »Ich höre alles. Auch das, was du denkst.«

»Ach ja? Woran denke ich denn jetzt?«, fragte Andrea und musterte sie misstrauisch. Das rote Haar stand ihr gut, die Bluse war süß, die Schlaghose cool und das Eis ganz fantastisch, aber alles zusammen sah irgendwie verrückt aus.

»Dass ich verrückt aussehe«, antwortete die Unbekannte mit Ruhe und leckte eine ganze Kugel Eis weg. »Du hast Recht. Wir Feen sind ein bisschen seltsam. Vielleicht deshalb, weil wir uns nicht nach der Mode und anderem

Ich könnte über lange Zeiten
mich ohne Hilfe selbst verpflegen.
Zum Beispiel nur mit Süßigkeiten.
Doch meine Eltern sind dagegen.

FRANTZ WITTKAMP

Mix a pancake

Mix a pancake
stir a pancake,
pop in the pan.
Fry the pancake,
toss the pancake,
catch it if you can.

Mach einen Pfannkuchen:
rühr ihn an,
gieß ihn in die Pfann'.
Back den Pfannkuchen,
wirf ihn hoch,
fang ihn, wenn du kannst.

*Aus dem Englischen
von Erika Tophoven*

75

Der Rat der Himbeereisfee

»Weil du klein und blöd bist!«

»Das sag ich …«

»Weil du immer petzst!«

»Das ist nicht …«

»Weil du keinen Spaß verstehst!«

»Du auch nicht!« Endlich schaffte Andrea es, zurückzuschlagen. Aber Erika sauste schon mit ihren Inlinern über den Bürgersteig, nur ihr rotes T-Shirt schimmerte noch zwischen den Hecken hindurch.

Andrea setzte sich auf die Schaukel und stieß sich wütend ab, bis die Schaukel hoch über den Obstbäumen schwang. Immer muss ich im Garten bleiben! Erika macht, was sie will! Mich nimmt sie nie mit! Beschimpft mich ständig! Will nicht mit mir spielen! Und das alles nur, weil ich fünf und sie neun ist!

Andrea spürte einen dicken Kloß im Hals. Es war so ungerecht! Die Eltern mochten Erika offensichtlich lieber, denn sie durfte alles – und Andrea nichts!

»Warum lässt du dir das denn gefallen?« Die Stimme kam von der Straße her. Andrea hob den Kopf. Am Gartenzaun lehnte eine rothaarige Frau. Sie trug eine mit Bienen bestickte Bluse und eine Schlaghose mit großen Blümchen drauf. In der Hand hielt sie ein riesiges Hörnchen mit Himbeereis.

Andrea schaute sie verdutzt an. Woher wusste die Frau, was in ihr vorging? Hatte sie vielleicht ihren Streit mit Erika gehört?

»Natürlich«, nickte die Unbekannte. »Ich höre alles. Auch das, was du denkst.«

»Ach ja? Woran denke ich denn jetzt?«, fragte Andrea und musterte sie misstrauisch. Das rote Haar stand ihr gut, die Bluse war süß, die Schlaghose cool und das Eis ganz fantastisch, aber alles zusammen sah irgendwie verrückt aus.

»Dass ich verrückt aussehe«, antwortete die Unbekannte mit Ruhe und leckte eine ganze Kugel Eis weg. »Du hast Recht. Wir Feen sind ein bisschen seltsam. Vielleicht deshalb, weil wir uns nicht nach der Mode und anderem menschlichen Unsinn richten. Wir machen, was wir wollen, und wir tragen, was uns gefällt.«

»Eine Fee?« Andrea prustete vor Lachen. »Willst du sagen, dass du eine Fee bist? Da hast du Pech, ich glaube nicht an Feen.«

»Dein Pech«, erwiderte die Frau und schlürfte mit Genuss den Rest Himbeereis aus dem Hörnchen. »Wenn du nicht an mich glaubst, kann ich dir nicht helfen. Mach's gut!« Sie löste sich vom Zaun und ging weiter.

Doch bevor sie die nächste Straßenecke erreichte, passierte etwas Verrücktes: Ihr rotes Haar loderte auf, die Bienen auf der Bluse schwärmten aus und die Blumen auf der Schlaghose verbreiteten einen betörenden Duft. Ja, und aus dem Hörnchen wuchsen wieder neue Himbeereiskugeln! Andrea begriff, dass sie soeben Zeugin eines Wunders geworden war.

»Warten Sie!« Andrea sprang von der Schaukel und lief zum Zaun.

Die Fee kam zurück. »Was ist? Hast du deine Meinung über Feen geändert?«

»Absolut«, platzte Andrea heraus. Sie zweifelte kein bisschen mehr daran, dass die Unbekannte eine Fee war. »Aber wieso wollen Sie ausgerechnet *mir* helfen?«

»Ich habe auch eine ältere Schwester«, antwortete die Fee. »Ich weiß, welche Katastrophe das ist. Aber vielleicht … solltest du einfach … mit deiner Schwester tauschen!«

»Tauschen? Wie denn?«

»Nimm ihr das Kopfkissen weg.«

»Das Kopfkissen? Warum?«

»Du musst es einfach so hinkriegen, dass deine Schwester auf deinem Kissen schläft und du auf ihrem.«

»Und dann?«

»Das ist alles. Du wirst ihre Träume haben und sie deine. Und da die Träume nicht getrennt existieren können von dem, der träumt, wirst du Erika werden und sie wird du. Es ist babyleicht. Ich kenne Hunderte von Kindern, die es probiert haben. Du schaffst es bestimmt auch. Also: Hals- und Beinbruch!«

Die Fee wollte schon wieder weitergehen, da fiel Andrea noch etwas ein. »Wenn es so babyleicht ist«, fragte sie, »wieso haben *Sie* es nicht mal so gemacht?«

»Wir Feen schlafen ohne Kissen, mit geöffneten Augen«, erklärte sie. »Niemand kann uns unsere Träume wegnehmen, aber wir können sie auch mit niemandem tauschen.« Sie lächelte Andrea wehmütig zu und schluckte zum Trost eine Bärenportion Eis hinunter.

Erika duschte wie jeden
Abend und redete dabei in
einem unerträglich erwachsenen
Ton mit der Mutter. Andrea hörte etwas
von einem verlorenen Schlüssel. Geschieht ihr
recht, dass sie ihren Schlüssel verliert! Wenn sie
nie mit mir spielt!, dachte Andrea mit Genugtuung und
ging dem Vater gute Nacht sagen.

»Schlaf schön«, sagte er. »Und morgen spielst du bitte nicht so
wild. Ich habe gesehen, dass du beim Schaukeln wieder viele
unreife Birnen heruntergeschüttelt hast. Wir haben doch schon
darüber gesprochen: schaukeln ja, toben wie ein Affe nein. Ist
das klar?«

»Ja«, murmelte Andrea und ging ins Kinderzimmer. Sie hatte
die Nase voll. Nie bemerkte der Vater was Gutes an ihr –
bloß lauter Fehler. Aber was soll's. Morgen schon würde alles
anders sein! Sie schloss die Tür hinter sich, nahm schnell
Erikas Kissen und legte an seiner Stelle ihr eigenes hin. Dann
machte sie das Licht aus, verkroch sich im Bett und tat so, als
ob sie schlief. Sie hörte Erika durch den Flur stampfen und
wiehernd lachen. Dir wird das Wiehern schon noch vergehen,
dachte Andrea. Warte nur …

Als am nächsten Morgen der Wecker rasselte, erinnerte sich
Andrea sofort an alles: an die Himbeereisfee, ihren Rat und an
den Kissentausch. Ob sie in der Nacht schon Erikas Träume
geträumt hatte, wusste Andrea nicht mehr. Sie sprang aus dem
Bett und lief ins Badezimmer. Dort, vor dem großen Spiegel,
bleib sie wie erstarrt stehen. Die Fee hatte Recht behalten!
Anstelle der wirren Locken und eines mit Sommersprossen
übersäten Gesichts, das sie täglich zu sehen gewohnt war und
das ihr auf die Nerven ging, weil es einer Brezel ähnelte,

blickten sie aus dem Spiegel Erikas schokoladenfarbene Augen an. Auch das Haar war das von Erika – lang und wunderschön glatt.

»Ich bin es«, sagte Andrea halblaut. Sogar ihre Stimme klang anders. Viel erwachsener. »Ich heiße Erika. Ich bin neun. Meine Schwester Andrea ist fünf. Sie ist klein und blöd.«

Es funktionierte! Sie sah wie Erika aus, sie sprach wie Erika, sie war Erika. Es war so fantastisch, dass sie sich nicht satt sehen und hören konnte. Sie wiederholte nochmals mit Genuss: »Andrea ist klein und blöd!«

»Das werde ich Mama sagen!«, quäkte es plötzlich hinter ihr und in der Tür erschien die kleine Erika. Ihr sommersprossiges Gesicht war noch vom Schlaf zerknittert, aber sie heulte schon auf vollen Touren, als würde ihr jemand Arme und Beine ausreißen. »Mamaaaaa! Erika schimpft mit miiiir!«

»Und du petzt wieder!« Andrea streckte ihr die Zunge heraus und überlegte, ob sie selber gestern auch so abscheulich gequäkt hatte. Es schien ihr unwahrscheinlich.

»Mamaaaaa, Erika streckt mir die Zunge raus!«

»Lass das, Erika!«, rief die Mutter aus der Küche. »Du bist neun, benimm dich also vernünftig! Und beeil dich, sonst kommst du zu spät zur Schule!«

»Zu spät zur Schule, zu spät zur Schule«, äffte Klein-Erika nach und schnitt Grimassen. Andrea beschloss, keine Notiz von ihr zu nehmen. Sie hat doch viel wichtigere Sachen zu tun als sich mit einer dummen Fünfjährigen herumzustreiten, die nur petzen, quäken und Leute nachäffen konnte!

Im Kinderzimmer öffnete Andrea Erikas Schrank. Ihr Herz lachte. Endlich! Erika ließ Andrea nie ihre Sachen anprobieren. Manchmal schloss sie sogar den Schrank ab und nahm den Schlüssel mit in die Schule. Jetzt brauchte Andrea gar nicht erst zu fragen und konnte anziehen, was sie wollte. Es gehörte *ihr*. Sie suchte sich den Minirock mit Schlitz, den rosa Gürtel und ein T-Shirt aus, das kaum bis zum Nabel reichte. Ums Handgelenk band sie sich Erikas Uhr. Wie cool sie aussah!

»Bist du verrückt geworden?«, rief die Mutter, als Andrea in die Küche kam. »Guck mal aus dem Fenster!«

Andrea schaute hinaus. Es regnete in Strömen und die Bäume wurden vom Wind gepeitscht. Im Garten und auf der Straße waren überall Pfützen.

»Ich frier schon nicht«, versuchte Andrea die Mutter zu beruhigen. »Wenn Papa mich fährt …«

»Ich kann heute nicht«, rief Vater. »Ich hab's eilig und muss außerdem schon Andrea zum Kindergarten bringen.«

»Aha, seinen Liebling zum Kindergarten bringen, das ist kein Problem für ihn, aber ich kann ruhig nass werden!«, brummte Andrea, während sie den grauen Pullover überstreifte, den die Mutter ihr hinhielt. Sie wusste gar nicht, dass Erika solch hässliche Pullover hatte. Es ist ungerecht, mir so die Laune zu verderben, dachte Andrea.

Aber der Gipfel der Ungerechtigkeit sollte erst noch kommen.

»Hier ist der Einkaufszettel«, sagte die Mutter, »ich leg ihn mit dem Portemonnaie hier auf den Tisch. Es sind nur ein paar Sachen – nichts Schweres. Und vergiss nicht, Andrea abzuholen. Spielt schön und streitet euch nicht! Ich komme um fünf. Gib mir ein Küsschen!«

Der Regen trommelte auf den Bürgersteig und auf ihren Regenmantel. Andrea hatte das Gefühl, als lachte er sie aus. »Du hast's so gewollt – du hast's so gewollt – du hast's so gewollt!«, blubberte er schadenfroh.

An der Ecke wartete Simone auf sie, Erikas beste Freundin. Simone und Erika teilten eine Menge Geheimnisse, außerdem flüsterten sie ununterbrochen miteinander. Andrea hatte gleich bessere Laune, denn nun würde Simone *ihre* Freundin sein, sie würde mit *ihr* flüstern und das würde Klein-Erika wütend machen!

»Hallo!«, rief Simone schon von weitem. »Hast du's mitgebracht?«

»Was denn?«

Simone blickte sie entsetzt an: »Sag nicht, du hast es vergessen!«

»Was denn vergessen?«

»Du hast doch versprochen, du zeichnest meine Straßenkarte neu, weil du über meine den Kakao geschüttet hast!«, jammerte Simone.

Andrea machte die Schultasche auf und durchsuchte sie. Von einer Straßenkarte keine Spur. »Meine Schwester ist vielleicht blöd!«, rief sie sauer.

»Gib die Schuld nicht Andrea«, sagte Simone. »Du hast's vergessen und ich kriege einen Eintrag wegen dir!«

Sie lief weiter, ohne sich auch nur einmal umzudrehen. Andrea schlich hinterher. Sie war sauer auf Erika. Warum hatte sie ihr Versprechen nicht gehalten? So hatte Andrea ihre Freundin schon verloren, bevor sie sich überhaupt an sie gewöhnen konnte.

Der Vormittag verging langsam. Simone zog beleidigt auf die andere Seite des Klassenzimmers um und Andrea blieb allein sitzen. Sie schaute hinaus in den Regen. Jetzt, da sie Erika war, durfte sie alles tun wie ihre Schwester, aber sie konnte sich nicht so richtig darüber freuen. Wenn sie als Andrea fehlerlos ihren Namen geschrieben, die Aufschrift über einem Geschäft gelesen oder eine einfache Rechenaufgabe gelöst hatte, wurde sie von allen Seiten gelobt. Als Erika hingegen wurde sie im Laufe des Vormittags mehrmals getadelt, dass sie nicht aufpasste und nicht sorgfältig genug arbeitete. Beim Diktat machte sie viele dumme Fehler und im Sportunterricht war sie – wie sich beim Staffellauf herausstellte – die Langsamste von allen.

»Mach schneller, Erika! Beweg dich, sonst verlieren wir wieder!«, schrien die Kinder aus ihrer Mannschaft. Andrea lief, so schnell sie konnte – im Kindergarten gehörte sie zu den Schnellsten –, aber Erikas Beine wollten ihr nicht gehorchen. Sie wurden Letzter und Jakob, der Mannschaftskapitän, belohnte sie mit dem Spitznamen »schnaufender Lastwagen«. Andrea schossen die Tränen in die Augen. So war es in der Schule also! Zu Hause tat sich Erika immer wichtig. Nie erwähnte sie vor Andrea ihre Schulprobleme und Misserfolge …

»Erika – Paprika, Erika – Paprika!«, sang ihre kleine Schwester zur Begrüßung, als Andrea zum Kindergarten kam. Und anstatt sich anzuziehen, rannte Klein-Erika im Flur herum und tobte mit anderen Kindern. Es dauerte eine ganze Ewigkeit, bis Andrea sie fangen konnte um sie in den Regenmantel und in die Gummistiefel hineinzustopfen. Die ganze Zeit zappelte die Kleine und schnitt Grimassen.

»Mir reicht's«, sagte Andrea, als sie beide endlich zu Hause waren. »Ich gehe jetzt einkaufen und du bleibst hier!«

»Neiiiin! Ich will mitgehen!«, heulte Erika.

»Ich will aber nicht, dass du mitkommst.«

»Wieso?«

»Weil du immer nur heulst! Weil du klein und blöd bist!«

»Wenn ich nicht mitkommen darf, dann kauf mir wenigstens Bonbons!«

»Okay.« Andrea nickte erschöpft. Sie hatte keine Kraft mehr, mit der Schwester zu streiten.

Im Supermarkt besserte sich ihre Laune ein bisschen. Mit Mutters Einkaufskorb und mit dem Portemonnaie kam sie sich wichtig vor, denn die Verkäuferinnen behandelten sie wie eine Erwachsene. Aber dann vergaß sie das Portemonnaie im Einkaufswagen, und als sie es feststellte und zurückrannte um es zu holen, war es weg. Nicht mal ein paar Cent für Bonbons hatte sie noch.

»Du hast das Geld nicht verloren, du Lügnerin!«, heulte Erika zu Hause. »Selber hast du dir bestimmt ein großes Eis gekauft und mir nichts!« Sie schlug die Wohnzimmertür hinter sich zu und schaltete den Fernseher ein.

Andrea atmete erleichtert auf und ging an die Hausaufgaben. Sie konzentrierte sich, so gut sie konnte, trotzdem musste sie immer wieder etwas ausradieren und verbessern. Nachher sollte sie noch ein Gedicht auswendig lernen. Obwohl es kurz war, brauchte sie eine halbe Stunde, bis sie es sich einigermaßen einprägte. Es war komisch – Andrea hatte nie bemerkt, wie viel Zeit ihre Schwester fürs Lernen brauchte. Plötzlich tat Erika ihr Leid. Erika? Nein, jetzt eigentlich ja sie sich selber!

Als Vater nach Hause kam, ließ er sich ihre fertigen Hausaufgaben zeigen und fand so viele Fehler darin, dass Andrea fast alles neu schreiben musste. Zwischendurch nahm er die kleine Erika mit in die Garage und bastelte mit ihr am Puppenhaus weiter.

»Komm zu uns, wenn du fertig bist«, sagte er. Nur dass Andrea nicht imstande war, fertig zu werden – als ob die Hausaufgaben keine Ende nehmen wollten. Sie hörte, wie Erika und der Vater in der Garage miteinander lachten, und war traurig. Eigentlich bin ich jetzt viel schlimmer dran als vorher, bemitleidete sie sich in der Einsamkeit des Kinderzimmers. Die Eltern denken, nur weil ich die Ältere bin, muss ich immer alles schaffen und für alles verantwortlich sein! Mein kleines Schwesterchen muss gar nichts! Das ist unfair!

»Wie viel Geld ist vom Einkaufen übrig geblieben?«, fragte die Mutter nach dem Abendessen.

»Ich hab das Portemonnaie verloren«, gab Andrea zu.

»Und das sagst du einfach so?« Mutter schüttelte den Kopf. »Erika, Erika! In der letzten Zeit bist du so zerstreut. Gestern verlierst du deinen Schlüssel und heute die Geldbörse – so geht es nicht weiter. Du bist nicht Andrea! Ein neunjähriges Mädchen muss besser aufpassen!«

Andrea versprach, aufmerksamer zu sein, und ging duschen. Sie war müde und unglücklich. Die Fee hatte sie betrogen. Sie hatte ihr zwar einen guten Rat gegeben, ihr aber nicht gesagt, welche Probleme der Schwesterntausch mit sich brachte!

Verwandlung

Heute bin ich ein Hexenmädchen,
verkaufe Glück in meinem Lädchen.
Am nächsten Morgen aber dann
fange ich den Tag als Junge an.
Doch schon um die Mitternacht
hat es bei mir *Klick* gemacht
und ich bin der böse Geist,
der Nackten in die Wade beißt.
Schließlich tut's mir wieder Leid,
ich bin zu einer guten Tat bereit
und flieg als Engel durch die Nacht,
hab auch deinen Schlaf bewacht.
Manchmal bin ich ein Elefant
und regne mit dem Rüssel Sand;
dann bin ich wieder eine Maus,
wohn in Maulwurfs altem Haus,
und immer, immer, immer wieder
schenke ich mir neue Lieder,
lass es im Winter Frühling sein.
Und kämst du mit dem nächsten Flug,
wär ich nicht mehr so allein.

GUNTER PREUSS

Fragen an einen kleinen Vampir

Na, du kleiner Vampir,
Wie geht es dir?
Bist du schon zurück?
Hattest du Glück?
Hast du wieder Menschen gejagt?
Hast du einen angenagt?
Hast du Blut geleckt,
Blut geschleckt,
Hat's dir geschmeckt?

Oder hast du Knoblauch gerochen
Und dich ganz schnell verkrochen?
Bist abgehaun
Übern Gartenzaun,
Hast helles, grelles Licht gesehn
Und musstest gleich wieder gehn?
Nein, das glaub ich nicht.
Ich seh ja dein Gesicht –
Du grinst von hier bis da,
Gib's zu, es ist doch klar:
Du hast Blut geleckt,
Blut geschleckt,
Dir hat's geschmeckt!

Mitten in der Nacht
Bist du aufgewacht,
Hast dich angezogen
Und bist losgeflogen,

Hast einen getroffen,
Warst wie besoffen,
Hast die Zähne reingehauen
Bis zum Morgengrauen –
Bist jetzt zufrieden und satt
Und auch ein bisschen matt:
Du hast Blut geleckt,
Blut geschleckt,
Dir hat's geschmeckt!

Was? Was ist los?
Was hast du bloß?
Wolltest du was fragen?
Dir knurrt der Magen,
Immer noch,
Ich hör es doch …
Halt! Stopp! Zurück!
Warte einen Augenblick!
Oh, verdammter Mist,
Wenn das mal nicht das Ende ist:
Jetzt gab er mir zum Schluss
Doch wirklich einen … Kuss!

WOLFRAM HÄNEL

Zungenbrecher

Zwischen zwei Zwetschenzweigen zwitschern zwei Schwalben
Zwei Schwalben zwitschern zwischen zwei Zwetschenzweigen.

Große Krebse krabbeln in den Korb, in den Korb krabbeln große Krebse.

Schneiders Schere schneidet scharf, scharf schneidet Schneiders Schere.

Plattdeutsch:
De dicke Dierk droog den dunnen Dierk dör den
dicken, deepen Dreck.
Der dicke Dirk trug den dünnen Dirk durch den
dicken, tiefen Dreck.

Niederländisch:
Klaas Kosters kleine kinderen kakken kleine
kromme keuteltjes.
Klaus Küsters kleine Kinder kacken kleine
krumme Würstchen.

Englisch:
If two witches were watching two watches,
which witch would watch which watch?
Wenn zwei Hexen auf zwei Uhren sehen,
welche Hexe sieht auf welche Uhr?

R R R R

Französisch:

Si six scies scient six cyprès, six cent six scies scient six cent six cyprès.

Wenn sechs Sägen sechs Zypressen schneiden, schneiden sechshundertsechs Sägen sechshundertsechs Zypressen.

Italienisch:

Sopra la panca la capra campa, sotto la panca la capra crepa.

Auf der Bank schläft die Ziege, unter der Bank krepiert die Ziege.

Spanisch:

Tres tristes tigres tragaban tres trozos de carne en un trigal.

Drei traurige Tiger verschluckten drei Stücke Fleisch auf einem Weizenfeld.

Dänisch:

Ringeren i Ringe ringer ringere end ringeren ringer i Ringsted.

Der Glöckner in Ringe läutet schlechter als der Glöckner in Ringsted.

Polnisch:

Król Karol kupił królowej Karolinie, korale koloru koralowego.

König Karl hat für Königin Karoline eine Korallenkette gekauft.

Türkisch:

Bu duvarı badanamalı mı badanamamalı mı?

Soll man diese Wand anstreichen oder nicht anstreichen?

Teekesselchen

Was pfeift, wenn ihm Wasser dampft im Bauch,
wenn ein Wort etwas meint und anderes auch?

(Teekessel)

Was im Tennis und Text ein Punkt beschließt,
ist der Grund, der bleibt, wenn man Kaffee aufgießt.

(Satz)

Was hält die Gans in ihrem Kleid
für alte Dichter zum Schreiben bereit?

(Feder)

Was quält die Schüler auf den Bänken,
verwahrt die Strümpfe in den Schränken?

(Fach)

Mal kann man sie mit der Suppe schlucken,
mal hat man sie vor den Augen zum Gucken.

(Linse)

Mein Teekessel und der Schiedsrichter brauchen
das, woraus Opas oft Tabak rauchen.

(Pfeife)

Rätsel:

Was macht im Winter wie im Sommer Spaß?

Ich kenne was, das ist ganz kalt,
am Nordpol viele Jahre alt.
Im Winter kannst du darauf tanzen.
Am Fenster wächst es dann wie Pflanzen.
Herrlich ist es auch zum Rutschen.

Im Sommer ist's zum Lutschen.
Es schmeckt nach Himbeer oder Sahne,
nach Schokolade, Nuss, Banane …
Du solltest es nicht braten!
Was ist es? Kannst du's raten?

KARLHANS FRANK

(Eis)

Lobito bueno

Érase una vez
un lobito bueno
al que maltrataban
todos los corderos.

Y había, también,
un príncipe malo,
una bruja hermosa
y un pirata honrado.

Todas estas cosas
había una vez.
Cuando yo soñaba
un mundo al revés.

JOSÉ AUGUSTÍN GOYTISOLO

Es war einmal
ein guter Wolf.
Er wurde von
allen Schafen verfolgt.

Und es war einmal
ein böser Prinz,
eine bildhübsche Hexe
und ein ehrenhafter Pirat.

Ja, das alles war einmal
in einer Welt,
die ich träumte.
Sie war auf den Kopf gestellt.

Aus dem Spanischen von Paula Peretti

Lucciola

Lucciola lucciola vien da me
Che ti do' il pan del re
Pan del re e della regina
Lucciola vieni vicina

*(Si nascondeva la lucciola catturata
sotto un bicchiere e la matina dopo
»la lucciola« faceva trovare un soldino)*

Glühwürmchen Glühwürmchen komm zu mir
Das Brot des Königs geb ich dir
Das Brot des Königs und der Königin
Komm Glühwürmchen, setz dich hier hin

*(Das eingefangene Glühwürmchen
versteckte sich unter einem Glas und hinterließ
am nächsten Morgen eine Münze)*

Aus dem Italienischen von Hedwig von Bülow

Herr Gump und das Glück

Herr Gump lebte allein in einem Haus am Rand des Dorfes. Wenn er am Morgen aufstand, ärgerte er sich – entweder, weil es draußen noch so schrecklich dunkel war oder weil er zu spät aufgestanden war und den Sonnenaufgang versäumt hatte.

Herr Gump verließ sein Haus nur einmal am Tag. Er machte einen kurzen Spaziergang und kaufte ein. Vor dem Weggehen blickte er sich nach rechts und links um. Er wollte niemanden treffen. Wer weiß, was die Leute heute wieder über ihn redeten!

Die Bäckerei betrat Herr Gump erst, wenn kein anderer Kunde darin war. Dann bestellte er drei Scheiben Brot und eineinhalb Brezeln. Dabei blickte er böse drein, denn ihm schien, dass das Gebäck viel zu teuer war. »Herr Gump«, sagte eines Tages die Bäckerin zu ihm, »das Leben ist viel zu schade um es mit Angst und Ärger voll zu stopfen!« Dann lächelte sie.

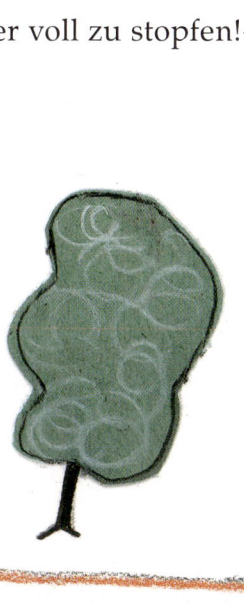

Auf dem Heimweg aß Herr Gump die halbe Brezel und dachte über die Worte der Bäckerin nach. Auch über ihr Lächeln, das ihm gefallen hatte. Er stand vor dem Dorfteich, blickte in den Wasserspiegel und versuchte selber ein Lächeln. Wie ein Schauspieler, der eine Rolle probt.

»Hallo, Herr Gump«, rief plötzlich ein Kind, »Sie lächeln ja!«

Herr Gump wurde verlegen. »Ich probiere es aus«, murmelte er. »Vielleicht kann ich es irgendwann einmal brauchen.«

Das Kind winkte Herrn Gump zu, Herr Gump winkte zurück, und im selben Augenblick winkte der Baum neben dem Teich mit seinen Ästen, weil ein Windstoß in ihn gefahren war.

Da musste Herr Gump wieder lächeln, diesmal von innen, nicht wie ein Schauspieler, der eine Rolle probt.

Heute ging Herr Gump länger spazieren als sonst. Er aß seine ganze Brezel und dachte nach: über das Lächeln der Bäckerin, über die Worte des Kindes, über das Winken des Baums.

Der Wind wehte noch immer. Früher hatte sich Herr Gump immer geärgert, wenn der Wind blies und das Laub im Garten verteilte und ihm selber die Haare zerzauste. Jetzt dachte Herr Gump plötzlich: Ich tanze einfach mit dem Wind mit und er soll allen Ärger aus mir herauswehen.

Auf einem einsamen Feldweg blickte sich Herr Gump nach rechts und links um, ob jemand kam. Dann tanzte er wirklich. Herr Gump wurde fröhlich und lachte. Er hüpfte und sang. Fast wäre er mit dem Briefträger zusammengestoßen.

»Herr Gump, ist etwas passiert?«, fragte der Briefträger erstaunt. »So kenne ich Sie ja gar nicht. Soll ich vielleicht den Doktor rufen?«

Herr Gump überlegte. Dann lächelte er. »Schreiben Sie mir lieber einen Brief«, sagte er. »Ich werde sicher zurückschreiben.«

Herr Gump spazierte am Waldrand entlang. Früher hatte der dunkle Wald ihm Angst gemacht. Aber jetzt sah er, dass der Wald nicht überall dunkel war. Es gab Lichtungen mit Sträuchern und Moos und hellen Flecken aus Sonnenlicht. Früher hatten die unbekannten Tierlaute ihm Angst gemacht. Aber jetzt entdeckte er, dass manche von ihnen wie Lieder klangen.

Herr Gump setzte sich auf einer Waldlichtung ins Gras und aß drei Scheiben

Brot und zahllose Heidelbeeren. Dann trank er aus einer Quelle, so lange, bis sein Bauch eiskalt und glücklich war. Er ruhte sich aus und dachte nach:

> über das Lächeln der Bäckerin,
> über den Gruß des Kindes,
> über das Tanzen der Äste,
> über das Helle im Dunkel des Waldes,
> über das erfrischende Wasser.

Später ging Herr Gump ins Dorf zurück. Er bewegte sich locker, seine Füße liefen wie von allein.
Am nächsten Morgen stand er auf und war nicht verärgert, sondern fröhlich.
Er trat hinaus ins erste Sonnenlicht und atmete die frische Luft.

GEORG BYDLINSKY

97

Das kleine Orchester

Es war einmal eine große Mäusefamilie, die wohnte im Keller eines Konzertsaals. Dort gab es zwar wenig zu fressen, aber wenn die großen Orchester im Saal oben ihre Konzerte gaben, saßen die Mäuse still auf ihren leeren Nussschalen und hörten andächtig zu.

»Wenn man das könnte«, sagte der Vater zur Mutter, »wenn man das könnte«, und beide seufzten.

Eines Tages sagte das Älteste der Mäusekinder zu seinen Geschwistern: »Wieso sollten wir das nicht können? Kommt, wir gründen ein Orchester!«

»Aber die Instrumente«, sagte die Mutter, »woher wollt ihr die Instrumente nehmen? All die herrlichen Geigen, Flöten und Trompeten?«

»Mach dir keine Sorgen!«, sagte die kleine Maus, »wir finden schon etwas heraus.« Und zusammen mit ihren sechs Brüdern und Schwestern ging sie auf die Suche nach Kartons, Büchsen, Schnüren, Schrauben, Hölzern und was man sonst noch so braucht um schöne Musik zu machen.

Die sieben Mäusegeschwister leimten, hämmerten und sägten zwei Nächte lang, und dann war ihr Orchester fertig. Jedes Instrument konnte zwar nur einen Ton machen, aber was für einen!

Stundenlang spielten die Mäuse nichts anderes als diesen Ton, der sich aus sieben einzelnen Tönen zusammensetzte.

Als die Mutter hörte, wie schön ihre Kinder musizierten, knabberte sie im Konzertsaal die schwarzen Vorhänge an und nähte allen ihren Kindern einen Frack, und auch dem Vater, denn er war der Dirigent des Orchesters.

Während die Mäuse im Keller übten, fragte der Hauswart des Konzertsaals seine Frau: »Hörst du auch einen seltsamen Ton?«

»Ja«, sagte die Frau, »wo der nur herkommt?« Sie fanden es nicht heraus, sie merkten nur, dass sie plötzlich ganz gut aufgelegt waren und dauernd kichern mussten.

Am nächsten Tag hörten sie den Ton wieder, da gingen sie in den Keller und sahen das Mäuseorchester an der Arbeit. Still und fröhlich stiegen sie wieder nach oben. Die Frau des Hauswarts hatte die Fräcke der Mäuse gesehen. Der Stoff war ihr eigenartig bekannt vorgekommen, und sie schaute sich die Säume der Vorhänge im Konzertsaal an. Aber statt zu schimpfen, musste sie einfach lachen.

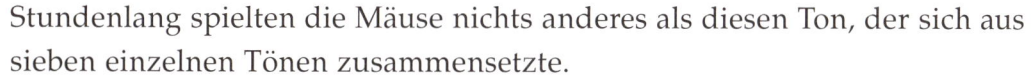

Spring mit mir in große Pfützen.
Viel Vergnügen macht uns das.
Und die Engel, die uns schützen,
werden jedes Mal ganz nass.

FRANTZ WITTKAMP

Stundenlang spielten die Mäuse nichts anderes als diesen Ton, der sich aus sieben einzelnen Tönen zusammensetzte.

Als die Mutter hörte, wie schön ihre Kinder musizierten, knabberte sie im Konzertsaal die schwarzen Vorhänge an und nähte allen ihren Kindern einen Frack, und auch dem Vater, denn er war der Dirigent des Orchesters.

Während die Mäuse im Keller übten, fragte der Hauswart des Konzertsaals seine Frau: »Hörst du auch einen seltsamen Ton?«

»Ja«, sagte die Frau, »wo der nur herkommt?« Sie fanden es nicht heraus, sie merkten nur, dass sie plötzlich ganz gut aufgelegt waren und dauernd kichern mussten.

Am nächsten Tag hörten sie den Ton wieder, da gingen sie in den Keller und sahen das Mäuseorchester an der Arbeit. Still und fröhlich stiegen sie wieder nach oben. Die Frau des Hauswarts hatte die Fräcke der Mäuse gesehen. Der Stoff war ihr eigenartig bekannt vorgekommen, und sie schaute sich die Säume der Vorhänge im Konzertsaal an. Aber statt zu schimpfen, musste sie einfach lachen.

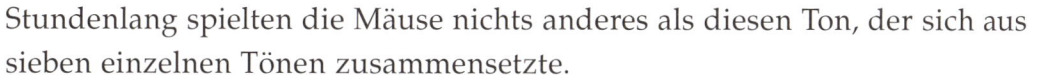

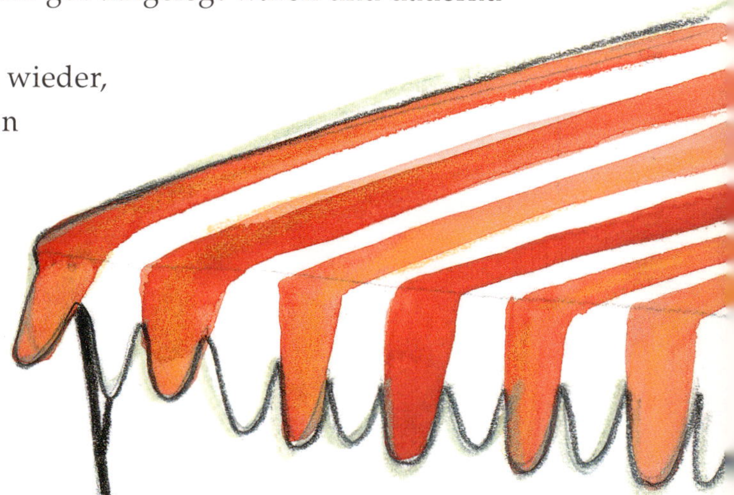

Am nächsten Tag war große Aufregung in der Stadt, denn das Staatsoberhaupt des Nachbarlandes kam zu Besuch, Königin Ariola, und ihr zu Ehren gab es ein Konzert im Konzertsaal.

Das große Landessinfonieorchester sollte die »Sinfonia pomposa« spielen, und die Mäusemutter freute sich schon auf die Pauken und Trompeten. Wie groß war der Schrecken, als kurz vor Beginn des Festkonzertes bekannt wurde, dass das ganze Orchester auf der Autobahn stecken geblieben war. Niemand wusste, was tun, alle rannten bloß hin und her und riefen sinnloses Zeug in ihre Handys. Der Bundespräsident sagte dem Stadtpräsidenten, er müsse dafür sorgen, dass das Orchester pünktlich auftrete. Der Stadtpräsident sagte dem Orchesterpräsidenten, er müsse dafür sorgen, dass sein Orchester rechtzeitig eintreffe, und ergriff dann die Flucht. Der Orchesterpräsident sagte zum Hauswart, er sei dafür verantwortlich, dass das Orchester rechtzeitig auftrete, und flüchtete dann ebenfalls. Da ging der Hauswart in den Keller und fragte die Mäuse, ob sie vielleicht beim Empfang der Königin Ariola spielen könnten.

»Wann soll denn das sein?«, fragte der Mäusevater. »Wir müssen natürlich für einen solchen Anlass schon etwas üben.«

»In fünf Minuten«, sagte der Hauswart, denn soeben betraten die hohen Gäste den Konzertsaal.

»Was?«, rief der Vater. »Da können wir ja gar nichts vorbereiten!«

»Spielt einfach das, was meine Frau und ich gestern gehört haben«, sagte der Hauswart, »das ist gut genug.«

Da zogen alle Mäuse, so schnell sie konnten, ihre kleinen Fräcke an, packten ihre Instrumente und krabbelten durch einen Mäusegang hinter die Orchesterbühne. Der Hauswart ging nach oben und schob dem Präsidenten des Landes einen Zettel zu, und der sagte am Schluss seiner Ansprache: »Leider steckt unser großes Orchester immer noch im Stau. Deshalb wird die ›Sinfonia pomposa‹ von Mario Moreno Bombardieri heute von der kleinen Formation des Landessinfonieorchesters gespielt – ich bitte Sie um einen Applaus.«

Und zum Applaus des ganzen Saales trippelten die Mäuslein mit ihren selber gemachten Instrumenten auf die Bühne, der Vater klopfte mit einem Haselnuss-zweiglein um Ruhe, hob es dann in die Höhe und gab den Einsatz. Und als nun das kleine Orchester den langen und immer gleichen Ton spielte, wurde es den Leuten ganz eigenartig im Trommelfell, im Zwerchfell und im Handtäschchen. Königin Ariola, die sonst immer streng und böse dreinschaute, brach auf einmal in ein Kichern aus. Auch der Bundespräsident konnte sich nicht mehr beherrschen, er stieß seinen Außenminister in die Rippen, dieser schlug dem Verteidigungsminister von Königin Ariola auf die Schenkel, und zuletzt kicherte der ganze Saal mit. Da fragte Königin Ariola ihren Prinzgemahl Sowieso von Kohlen Halbbatz, wieso sie kein solches Orchester hätten, und dieser versprach, sofort eins anzuschaffen, wenn sie wieder zu Hause wären. »Wieso nimmst du dieses Orchester nicht einfach mit?«, kicherte seine Frau.

Als Königin Ariola und Prinz Sowieso von ihrem Staatsbesuch wieder nach Hause fuhren, saß im Extrazug auf dem Tisch des Salonwagens gleich neben dem Käsebüfett unser ganzes Mäuseorchester samt der Mutter, die fast nicht glauben konnte, welche Ehre ihnen zuteil wurde. Aber ihre Kinder hatten es immer gewusst, und wann immer Königin Ariola sie von jetzt an darum bat, spielten sie ihren einen Ton, und wer immer ihn hörte, musste lächeln und war einen Moment lang zufrieden.

FRANZ HOHLER

Spring mit mir in große Pfützen.
Viel Vergnügen macht uns das.
Und die Engel, die uns schützen,
werden jedes Mal ganz nass.

FRANTZ WITTKAMP

Pech und Glück eines Brustschwimmers

In einem heißen Sommer war ein Brustschwimmer am Strand. Er legte seine Kleider auf ein Häufchen in den Sand, er ging ins Wasser und er schwamm hinaus in das Meer, schnell und weit.

Als er sehr lange geschwommen war, wurde er müde und wollte eine Pause machen. Zufällig kam ein leeres Schlauchboot vorbei, da konnte der Brustschwimmer sich gemütlich hineinsetzen. Das war Glück.

Doch begegnete ihm ein großer Wal. Der hatte schon länger nichts mehr gefressen, und ein Brustschwimmer kam ihm gerade recht. Der Wal schnappte den Brustschwimmer und das Schlauchboot mit einem einzigen Bissen. Das war Pech.

Aber bevor der Wal mit dem Kauen begann, gelang es dem Brustschwimmer, sich in einer Zahnlücke zu verstecken. Und nachdem der Wal das Schlauchboot gut zerkaut und geschluckt hatte, musste er rülpsen. Das kam von der Luft aus dem Schlauchboot. Der Wal rülpste so stark, dass der Brustschwimmer in hohem Bogen auf eine einsame Insel flog. Er landete weich im Sand. Das war Glück.

Auf der einsamen Insel gab es nur sieben Kokosnusspalmen, einen Affen und eine Telefonzelle. Die war ständig besetzt von dem Affen. Aber der Brustschwimmer hatte sowieso kein Kleingeld und konnte deswegen nicht zu Hause anrufen. Das war Pech.

Nach zwei Stunden war der Affe immer noch in der Telefonzelle. Der Brustschwimmer klopfte an die Glastüre. »Werter Herr Affe«, sagte der Brust-

schwimmer. »Haben Sie vielleicht Kleingeld?« Der Affe schüttelte den Kopf. »Das brauche ich selbst.« »Ich habe Hunger«, sagte da der Brustschwimmer. »Vielleicht könnten Sie mir eine Kokosnuss von einem Baum schütteln?«

Der Affe fuchtelte zuerst erbost mit den Armen herum. Wahrscheinlich wollte er nicht beim Telefonieren gestört werden. Nach einiger Zeit kam er dann aber doch heraus. Er kletterte auf eine Palme und warf eine Kokosnuss herab. Sie fiel dem Brustschwimmer genau auf den

Kopf, und er sank betäubt zu Boden. Das war Pech. Aber nach einer Weile wachte er wieder auf, und nun musste er nicht hungern, weil er die Kokosnuss hatte. Das war Glück.

Aus der leeren Telefonzelle bastelte der Brustschwimmer ein Boot. Damit fuhr er fort, und der Affe weinte, weil er jetzt nicht mehr telefonieren konnte.

Zwei Tage trieb der Brustschwimmer auf dem Meer, und er lebte die ganze Zeit von nur einer Kokosnuss. Am dritten Tag kam ein Schiffbrüchiger vorbei, der sich auf einen im Wasser treibenden Briefkasten gerettet hatte.

»Du hast es gut«, sagte der Schiffbrüchige, »du hast Telefon.« Da erzählte der Brustschwimmer, dass er keine Münzen hatte und darum nicht zu Hause anrufen konnte. »Das ist Pech«, sagte der Schiffbrüchige. »Ich dagegen habe keine Briefmarke, und so nützt mir mein Briefkasten auch nicht viel.«

Dann fuhren sie weiter. Der Schiffbrüchige auf seinem Briefkasten trieb auf einer großen Welle nach Westen, und der Brustschwimmer in seinem Telefonzellenboot trieb auf einer anderen Welle nach Osten. Zum Abschied winkten sie.

Am vierten Tag kam ein einsamer Rückenschwimmer vorbei. »Entschuldigung«, sagte er. »Geht es hier zum Strand?« Der Brustschwimmer zuckte mit den Achseln, weil er es auch nicht wusste. »Macht nichts«, sagte der Rückenschwimmer. »Ich werde es schon finden.« Zum Dank für seine Bemühungen schenkte er dem Brustschwimmer ein Feuerzeug. Dann schwammen sie weiter, der Rückenschwimmer nach Süden, der Brustschwimmer nach Norden.

Am fünften Tag landete der Brustschwimmer bei den Eskimos. Die Eskimos

waren sehr nett und bauten ihm ein Iglu. Außerdem gaben sie ihm warme Fellkleider, denn für Badehosen war es in der Gegend der Eskimos zu kalt. Der Brustschwimmer zeigte den Eskimos, wie man mit dem Feuerzeug Fenster in die Iglus schmelzen konnte. Darüber freuten sich die Eskimos sehr. Der Brustschwimmer schenkte den Eskimos das Feuerzeug. Die Eskimos schenkten dem Brustschwimmer ein Fischmesser.

Bei den Eskimos blieb der Brustschwimmer einige Zeit. Mit dem Fischmesser machte er aus gefrorenen Fischen kleine viereckige Stücke und verkaufte sie als Fischstäbchen. Er wurde sehr reich, denn alle Kinder der Welt wollten plötzlich Fischstäbchen essen. Das war Glück.

Der Brustschwimmer hatte jetzt genug Geld zum Telefonieren und sogar für ein eigenes Flugzeug. Damit wollte er endlich nach Hause fliegen. Nur fasste der Tank nicht ausreichend Benzin für den weiten Flug, und so musste der Brustschwimmer mit seinem Flugzeug irgendwo im großen Meer wassern. Das war Pech.

Aber er war ein guter Brustschwimmer. Er schwamm zurück an den Strand.
Seine Kleider lagen immer noch dort.
Das war Glück.

MARTIN EBBERTZ

Zusammenstehn

Zaubern ist 'ne feine Sache,
tu's doch, dass ich wieder lache,
blas doch meinen Kummer weg,
hol mich raus aus dem Versteck.

Wolln wir auf dem Kirchturm stehn,
auf Händen durch die Gassen gehen,
uns auf den Regenbogen setzen,
mit Sonne, Mond und Sternen schwätzen?

Ach, lass uns erst mal wieder lachen,
dann total verrückte Dinge machen,
niemals mehr getrennte Wege gehn
und immer fest zusammenstehn.

GUNTER PREUSS

Das Sonnenglöckchen von Syrila

Sobald im Lande Syrila die Stunden der Nacht vorüber waren, musste der Nachtwächter mit einem goldenen Glöckchen die Sonne aus dem Schlaf wecken.

Wie man sich denken kann, war das ein besonderes Glöckchen von unschätzbarem Wert. Jeden Morgen mahnte er deshalb Frau und Kinder: »Ich lege mich jetzt schlafen. Gebt Acht, dass sich niemand an der Sonnenglocke vergreift!«

Eines Tages piekte Will, den jüngsten Sohn, die Abenteuerlust. Er zog die Sonnenglocke aus Vaters Tasche und entwischte auf die Straße. *Kling-li-ping, kling-li-ping.* Vielleicht konnte man mit dem Glöckchen die Straßenbahnen wie Flugzeuge durch die Luft schweben lassen? *Kling-pi-ling, kling-pi-ling.* Oder aus den Wolken einen kunterbunten Bonbonregen zaubern. *Kling-li-ping, kling-pi-ling.* Oder aus dem Marktbrunnen eine Wasserfontäne bis in den Himmel spritzen lassen?

Ja, das wollte der kleine Will als Erstes probieren. Am Marktplatz kletterte er auf den Brunnenrand und ließ die Glocke klingen. *Kling-li-ping, kling-li …* Plötzlich rutschte ihm das Glöckchen aus der Hand und platschte in den finsteren Brunnenschacht. Vor Schreck blieb Will fast das Herz stehen. Was nun, wenn der Vater die Sonne nicht mehr wecken konnte? Mit Grauen stellte er sich vor, wie sich die Gespenster der Finsternis im ganzen Land breit machen würden. Will schluchzte, dicke Tränen tropften in das schwarze Brunnenwasser. Da vernahm er plötzlich eine tiefe, gurgelnde Stimme: »He, du Kleingemüse! Was heulst du mir den Brunnen voll?« Aus dem dunklen Brunnenloch starrte ihn mit roten Augen ein grünbärtiger Wassermann an. Im ersten Augenblick wollte Will davonlaufen. Doch er besann sich rasch und rief: »Wassermann, Starker, du musst mir helfen. Die goldene Sonnenglocke ist in deinen Brunnen gefallen. Bitte, hole sie herauf!«

»Papperlapapp, was habe ich davon?«

»Bitte«, flüsterte der kleine Will.

»Hm, es ist Frühstückszeit, und falls du mir meinen Lieblingsschmaus besorgst, will ich mir's überlegen.«

»Was für einen Schmaus?«

»Eine knackige Riesenpizza mit Schneckenfleisch und süßsauren Gürkchen könnte ich jetzt vertragen. Los, beeile dich!«

Der kleine Will rannte los, so schnell ihn die Füße trugen. Am Bahnhof fand er die Bude der moppeldicken Pizzabäckerin. Sie knetete gerade Pizzateig und sah im Fernsehen einen Zirkusfilm.

»Pizzabäckerin, nur du kannst mir helfen! Backe eine knackige Riesenpizza mit Schneckenfleisch und süßsauren Gürkchen. Wenn ich die knackige Riesenpizza dem grünbärtigen Wassermann bringe, holt er mir die goldene Glocke aus dem Brunnen. Und wenn ich die Glocke habe …«

»Was habe ich davon?«, unterbrach ihn die Frau mürrisch.

»Bitte«, bettelte der kleine Will. »Mein Vater muss sonst morgen …«

»Was geht's mich an?«, antwortete die moppeldicke Pizzabäckerin. »Schau dir im Fernseher diese weiße Stute mit goldenem Zaumzeug an. Ach, wie gerne möchte ich mal auf einem schönen weißen Pferd nach Hause reiten. Dann würde meine blöde Nachbarin endlich platzen vor Neid.«

Die Mittagszeit war schon vorbei, als Will den Festplatz erreichte. Dort stand ein Karussell mit prächtig aufgeputzten Pferden. Das schönste von allen war eine Schimmelstute mit goldenem Zaumzeug. »Stute, Schöne, ich brauche deine Hilfe! Komm schnell mit! Wenn die moppeldicke Pizzabäckerin heute auf deinem Rücken nach Hause reiten darf, backt sie eine knackige Riesenpizza mit Schneckenfleisch und süßsauren Gürkchen. Wenn ich die knackige Riesenpizza dem grünbärtigen Wassermann bringe, holt er mir die goldene Glocke aus dem Brunnen. Und wenn ich die Glocke habe, dann …«

»Die pizzadicke Moppelbäckerin schleppen, ich?«, wieherte die Stute beleidigt. »Was habe ich davon?«

»Bitte«, flehte der kleine Will. »Mein Vater muss sonst morgen …«

»Was geht mich dein Vater an! Was ich brauche, ist ein lila Lippenstift, oder auch drei. Lila Lippen sind jetzt nämlich große Mode. Doch leider passe ich im Frisörsalon Fröhlich nicht durch die Ladentür.«

Will rannte weiter, rannte durch siebzehn Gassen und überquerte sieben Plätze.

Als er den Frisörsalon betrat, war er völlig außer Atem. »Herr Fröhlich, darf ich Sie um einen kleinen Gefallen bitten? Könnten Sie mir einen lila Lippenstift geben, vielleicht auch drei.

Wenn ich den lila Lippenstift bekomme, lässt die weiße Stute die moppeldicke Pizzabäckerin nach Hause reiten. Wenn die moppeldicke Pizzabäckerin reiten darf, backt sie eine Riesenpizza mit Schneckenfleisch und süßsauren Gürkchen! Wenn ich die knackige Riesenpizza dem grünbärtigen Wassermann bringe, holt er mir die goldene Glocke aus dem Brunnen. Und wenn ich …«

»Halt, halt«, fiel ihm Herr Fröhlich streng ins Wort. »Was habe ich davon?«

»Bitte, lieber Herr Fröhlich. Mein Vater muss sonst morgen …«

»Was geht mich dein Vater an«, brummte der Frisör. »Wo ich doch mit meiner Tochter Meralda schon genug Sorgen habe. Seit Wochen warte ich darauf, dass sie mal wie eine richtige Fröhlich richtig fröhlich lächelt. Aber ob ich ihr nun den Hintern versohle oder sie in den Keller sperre – zwecklos: Fröhlich lachen will sie einfach nicht.«

Will stöhnte. Es war schon Nachmittag. Nun musste er auch noch die muffige Meralda suchen! Nach einer Weile lief ihm das Mädchen über den Weg. Sie war schwarz gekleidet, schwarz geschminkt, wie die Gespenster der Nacht. Will trabte atemlos hinter ihr her.

»He, Meralda, lass uns schnell zu deinem Vater laufen!«

»Wie'n?«

»Weil du ihn mal ganz fröhlich anlächeln sollst.«

»Was'n?«

»Wenn du es tust, gibt er mir einen lila Lippenstift.«

»Was hab ich'n davon?«

Verzweifelt raufte sich der kleine Will die Haare. Bald würde sein Vater aus dem Schlaf erwachen. Und wenn dann die goldene Glocke fehlte … Obwohl Meralda gleichgültig wie ein Stein dreinschaute, versuchte Will ihr alles zu erklären. Aber vor Aufregung gehorchte ihm die Zunge nicht mehr, und im Mund kullerten ihm alle Worte durcheinander: »Wenn ich den lila Lippenstift der weißen Stute bringe, darf sie auf der moppeldicken Bäckerin nach Hause reiten. Wenn die lila Bäckerpizza reiten darf, kackt die Stute auf dem dicken Bäcker eine zackige Schneckenpizza mit moppeldickem Riesenfleisch und grünbärtigen Gürkchen. Wenn die grünbärtigen Gürkchen – äh, ich meine den knackigen Wassermann – nein, den pizzadicken Lippenstift …«

Weiter kam Will nicht. Verzweifelt biss er sich auf die Lippen. Aus und vorbei! Nun hatte er endgültig alles verdorben. Die Tränen schossen ihm aus den Augen. Meralda aber schüttelte sich, schüttelte sich vor Lachen. So schrill und laut wieherte sie, dass Herr Fröhlich aus dem Laden stürzte, gefolgt von allen seinen Kunden.

»Sehen Sie nur! Wie bezaubernd meine Meralda lachen kann! Eben doch ein echtes Fröhlich-Kind!« Überglücklich drückte er dem verblüfften Jungen einen Karton voll lila Lippenstifte in den Arm.

Wie der Wind fegte Will damit zum Karussell. Die weiße Stute schminkte ihr Maul lila und trabte zur moppeldicken Pizzabäckerin. Die Bäckerin buk eine besonders knackige Riesenpizza mit sehr viel Schneckenfleisch und besonders süßsauren Gürkchen. Die Riesenpizza wurde vom Wassermann laut schmatzend verspeist. Dann tauchte er in den Brunnen und holte das goldene Glöckchen herauf. Und in allerletzter Sekunde ließ Will es unbemerkt in der Uniform seines Vaters verschwinden.

So konnte die Sonne am nächsten Morgen prächtig funkelnd wie immer über Syrila aufgehen. Freilich nahm kaum jemand Notiz davon, da alle gerade zur Arbeit eilten. Nur der kleine Will stand am Fenster und war glücklich über jeden Sonnenstrahl.

RAINER HOHBERG

Durch Zufall entdeckt,
wie Regen schmeckt.
Im Wetterbericht
erfährt man das nicht.

FRANTZ WITTKAMP

Ein denkwürdiger Tag im Leben des Einhorns Zweihorn

Es war einmal ein Einhorn, das hatte zwei Hörner. Dieses Einhorn trug den Namen Zweihorn. Es war sehr geachtet unter den Einhörnern wegen seiner zwei Hörner.

Oh, sagten die Einhörner, da geht Zweihorn! Oder auch: Hört, Zweihorn singt sein Mondlied!

Manchmal wussten die Einhörner nicht so richtig Bescheid. Dann fragten sie Zweihorn.

Sie fragten: Welches ist das allerschönste Tier auf der Welt?

Das Einhorn Zweihorn, antwortete das Einhorn Zweihorn.

Warum gibt es einen Nordpol und einen Südpol?

Für jedes Horn eins!

Wie gelingt ein schöner Kuchenteig?

Gut mit zwei Hörnern umrühren!

Wie viel ist dreimal zwei?

Gibt es nicht, es gibt nur einmal zwei!

Ja, das Einhorn Zweihorn war sehr berühmt unter den Einhörnern. Und es war auch sehr stolz darauf. Es war sogar so stolz, dass es die anderen

Einhörner nicht leiden mochte. Armes Pack, sagte es, muss mit einem einzigen Horn auskommen! Und es drehte und wendete sich vor dem Spiegel und besah ganz entzückt seine beiden Hörner.

Manchmal kam das Einhorn Rundohr und wollte mit Zweihorn Fußball spielen.

Nein, mit dir spiele ich nicht!

Aber warum denn nicht, liebes Zweihorn?

Sieh in den Spiegel, der gibt dir Bescheid!

Manchmal kam das Einhorn Krausfell und wollte mit Zweihorn Waffeln backen.

Nein, mit dir backe ich nicht!

Aber warum denn nicht, liebstes Zweihorn?

Sieh in den Spiegel, der gibt dir Bescheid!

Einmal kamen alle einhundertvierundzwanzig Einhörner aus der dritten Klasse und wollten Zweihorn zum Großen Wettlauf von der Eiche bis zur Buche einladen.

Nein, mit euch laufe ich nicht!

Aber warum denn nicht, allerliebstes Zweihorn?

Seht in den Spiegel, der gibt euch Bescheid!

Zum Land der Einhörner kommt man ganz leicht, indem man auch noch um die nächste Ecke geht. Die meisten Leute tun das aber nicht. Es ist ihnen zu weit. Sie kehren vor der nächsten Ecke um und gehen einfach nach Hause. Oder sie biegen vor der nächsten Ecke ins Kino ab und sehen sich altmodische Saurier an.

Manche treten auch vor der nächsten Ecke in Metzgerläden ein und kaufen sich lieber ein paar schöne Leberwürste.

Es gibt so vieles, was einen davon abhält, auch noch um die nächste Ecke zu gehen. Gewiss ließe sich ein dickes Buch damit voll schreiben. Und der das Buch schreibt und die das Buch lesen, die haben dann auch keine Zeit um die nächste Ecke zu gehen.

So kommt es, dass lange kein Mensch mehr ein Einhorn gesehen hat. Und lange kein Einhorn mehr einen Menschen.

Und als die Einhörner eines Tages einen Menschen zu Gesicht bekamen, da konnten sie ihn nicht erkennen.

Was ist denn das für ein seltsames Wesen?

Eilig liefen die Einhörner Krausfell, Rundohr und Langbein zu Zweihorn hin.

Sie riefen: Zweihorn, komm mit! Sag uns, was das für ein seltsames Wesen ist!

Aber Zweihorn reckte nur den Hals und sah sich den Menschen von weitem an. Er sagte: Ach, ihr Dummköpfe! Was soll das schon sein? Hat nur zwei Beine und kein einziges Horn? Das ist auch weiter nichts als – ein halbes Einhorn!

Ein halbes Einhorn?

Ein halbes Einhorn!

Aber in Wahrheit war es gar kein halbes Einhorn. Es war ein Mann, der Herr Müller genannt sein soll.

Herr Müller hatte eine Arbeit, zu der die Neugier gehört. Er war ein Filmemacher. Er wollte immer einen neuen Film machen, den noch niemand gesehen hatte. Deshalb war er so sehr neugierig. Und weil er so neugierig war, hatte er auch hinter die nächste Ecke geguckt. So war er zu den Einhörnern gekommen. Die Einhörner sahen Herrn Müller an. Herr Müller sah die Einhörner an. Nur Zweihorn besah seine Hörner im Spiegel.

Ach, du liebe Güte, sagte Herr Müller. Träume ich oder sehe ich lauter Einhörner? Oh, wie schnell zog er die Kamera aus der Tasche.

Ja ja, riefen die Einhörner, die merkwürdigerweise alle möglichen Sprachen kennen. Ja, bitte schön, Einhörner, das sind wir! Und du? Wer bist du? Bist du wirklich ein halbes Einhorn?

Nein, zum Kuckuck, sagte Herr Müller.

Ruhe, zum Donnerwetter, sagte Herr Müller.

Seht nicht so in die Kamera, sagte er.

Fresst einfach Gras wie immer, sagte er.

Da mussten die Einhörner ziemlich lachen. Nämlich, Einhörner fressen gar kein Gras. Das eine halbe Jahr fressen sie Maulwurfserde. Das andere halbe Jahr Maulbeerblätter.

Wer Einhörner zu Gast hat, sollte darauf achten, sich einen Vorrat an Maulbeerblättern oder Maulwurfserde zu halten.

Lacht nur, lacht nur, sagte Herr Müller. Aber vergesst nicht, das Gras zu fressen! Da lachten die Einhörner noch mehr. Und weil sie Herrn Müller eine Freude machen wollten, probierten sie auch ein bisschen von dem Gras.

Oh, sagte Langbein zu Dicknase, schmeckt gar nicht so schlecht.

Nein, nicht schlecht, riefen Krausfell, Rundohr und Großauge.

Tummelt euch, rief Herr Müller. Lauft nicht alle geradeaus! Passt auf, ihr verflixten Grasfresser! Lauft mal ein bisschen durcheinander.

Das war ein Geschrei!

Das war ein Gelächter!

Das war ein Durcheinander!

So laut und vergnügt, dass kein Einhorn mehr an Zweihorn dachte. So vergnügt und laut, dass endlich auch Zweihorn aufhorchte.

He, rief Zweihorn, macht nicht solchen Lärm! Ich will in Ruhe meine Hörner zählen! Man kommt ganz durcheinander bei dem Durcheinander!

Aber als niemand auf Zweihorn hören mochte, lief es rasch zwischen Herrn Müllers Kamera und den vergnügten Einhörnern hindurch. Ach, wie ärgerlich es den Kopf schüttelte. Jemineh, wie es mit den Beinen stampfte.

Herr Müller sah Zweihorn mit dem Auge seiner Kamera. Da schüttelte er auch den Kopf und stampfte auch mit dem Fuß.

Er rief: Da soll doch gleich der Blitz dreinfahren! Was macht die vermaledeite Kuh in meinem schönen Einhornfilm?

Pack dich, rief er.

Hinweg mit dir, rief er.

Fort mit der Kuh, rief er. Auf der Stelle!

Böse zeigte er mit dem Finger auf Zweihorn.

Da blieb Zweihorn ganz erschrocken stehen. Auch die anderen Einhörner blieben ganz erschrocken stehen.

Meinst du mich?

Wen denn sonst noch?, sagte Herr Müller. Gibt es hier noch mehr Kühe? Du bist die einzige verflixte Kuh weit und breit. Und du musst raus aus meinem schönen Einhornfilm! Du passt nicht hinein, du musst hinaus!

Aber ich bin doch Zweihorn, sagte Zweihorn.

Ja ja, riefen die anderen Einhörner, es ist aber doch Zweihorn!

In meinem neuartigen sensationellen Einhornfilm spielen keine Kühe mit, sagte Herr Müller. Zweihorn, Zweihorn, papperlapapp, sagte er, ich kann schon selbst bis zwei zählen! Und wenn ich eine Kuh sehe, dann weiß ich auch, dass es eine Kuh ist!

Der Himmel war noch blau, das Gras war noch grün, die Sonne strahlte noch golden herab. Die bunten Vögel sangen noch in allen Farben. Aber am Rand wurde das Bild schon grau. Es wurde grau, weil alle traurig waren.

Zweihorn war traurig, und die anderen Einhörner waren traurig.

Aber auch Herr Müller war traurig.

Das muss man wirklich sagen. Er war ja kein schlechter Mensch und übler Kerl.

Er war ja um die nächste Ecke gegangen. Er wollte ja einen schönen Film machen.

Und nun wurde das Bild grau, so grau, von den Rändern her.

Da trat das Einhorn Rundohr in die Mitte. Nein, sagte Rundohr, alle dürfen mitspielen! Ich spiele nur mit, wenn Zweihorn mitspielt!

Ich auch, sagte Krausfell.

Ich auch, sagte Langbein.

Ich auch, sagten alle einhundertvierundzwanzig Einhörner aus der dritten Klasse.

Meine Güte, sagte Herr Müller. Eine schöne Wirtschaft ist das mit euch Einhörnern. Ihr seid mir welche, ihr Einhörner! Na los, meinetwegen. Soll die Kuh, Verzeihung, soll Zweihorn ruhig mitspielen. Ich habe nichts gegen Kühe. Gegen Zweihörner, meine ich.

Abends, als der Film fertig war, ging Herr Müller zufrieden um die nächste Ecke zurück nach Hause.

Zweihorn sagte zu Rundohr: Ob ich morgen wieder mitspielen kann?

Rundohr sagte zu Zweihorn: Morgen wird ja gar kein Film gemacht.

Aber ein Fußballspiel, nicht?, sagte Zweihorn.

UWE KANT

Das Huhn

Es kam ein Huhn einst ins Büro.
Und jeder fragte sich: wieso?
Nein, um Eier ging es nicht.
Die Sache hatte mehr Gewicht.

Im Büro fragt man das Huhn:
»Kann ich etwas für Sie tun?«
Sagt das Huhn: »Heut auf dem Markt
Starb der Hahn am Herzinfarkt.

Ich bin frei jetzt, welch ein Glück!
Kann nicht in den Stall zurück.
Denn dort langweil ich mich nur,
Will nach Afrika zur Kur.«

Im Büro war man erbost:
»Ist das Huhn denn noch bei Trost?
Wenn es Langeweile hat,
Arbeit gibt es bei uns satt.

Außerdem kann es nicht fliegen,
In den Lüften richtig liegen,
Denn bei diesem Körperbau
Wird es einem nur ganz flau:

Dick der Hintern, Flügel: kurz,
Nach zwei Metern gibt's 'n Sturz.«
Wutentbrannt war nun das Huhn,
Doch was sollte es nur tun?

Es beschloss mit lautem Fluchen
Den Minister aufzusuchen.
Doch der schrie: »Nach Afrika?
Dieses Huhn? Was will es da?«

Es war einfach aussichtslos
Und der Ärger riesengroß.
Wieder musste das Huhn fluchen
Und es anderswo versuchen.

Doch dann hatte sich erwiesen,
Jeder hat es abgewiesen:
Präsident und Admiral,
Prokurist und General.

Dacht' das Huhn: »Was mach ich bloß?
Grausam ist ein Hühnerlos!«
Traurig saß es auf der Wiese,
Zwei Jahr dauerte die Krise.

Plötzlich schäumte es vor Wut,
Bis zum Schnabel stieg das Blut.
Und es rief: »Ich hab's! Hurra!
Ich flieg doch nach Afrika!«

Die Idee war grandios:
Mit dem Flugzeug flog es los.
Und nach Afrika entkommen,
Ist der Gedanke ihm gekommen:

»Eigentlich ist es ganz schlicht,
Was nicht geht, das geht halt nicht.
Doch mein Onkel sagte stets:
Wenn man wirklich will, dann geht's.«

ŁUKASZ DĘBSKI
Aus dem Polnischen von Joanna Manc

Herr Kapek begegnet einem Sonntag

Es war Dienstag, als Herr Kapek einem Sonntag begegnete.

Hallo, Sonntag, sagte Herr Kapek, was machen Sie denn hier? Sie sehen aber gar nicht gut aus.

Es ist auch nicht mein Tag, sagte der Sonntag verdrossen.

Natürlich nicht, sagte Herr Kapek, heute ist Dienstag. Was machen Sie denn an Ihrem freien Tag?

Ich sehe mir den Dienstag an, sagte der Sonntag noch verdrossener.

Und was sehen Sie, lieber Sonntag?, fragte Herr Kapek. Wie gefällt Ihnen der Dienstag?

Sieht ziemlich geschäftig aus, dieser Dienstag, knurrte der Sonntag. Alle haben etwas zu tun. Die Kinder sind in der Schule. Die Erwachsenen sind in den Fabriken, in den Büros oder in den Geschäften. Überall ist

viel Verkehr. Die Straßenbahnen fahren häufiger. Die Busse fahren häufiger. Sogar die Züge fahren häufiger. Die Flugzeuge fliegen im Minutentakt. Wenn ich da an mich denke, seufzte der Sonntag, gegen den Dienstag, da bin ich ja geradezu ein Langweiler! Geradezu trostlos langweilig bin ich da.

Aber denken Sie an Ihre Ruhe, rief Herr Kapek, denken Sie an die berühmte Sonntagsruhe!

Langweilig, sagte der Sonntag, einfach langweilig. Die meisten Leute verschlafen mich halb, und wenn es regnet, verschlafen sie mich ganz. Die Leute können einfach mit einem Sonntag nichts Rechtes anfangen.

Aber denken Sie an die Kleider, sagte Herr Kapek, die Sonntagskleider, die extra für Sie angezogen werden!

Der Sonntag machte ein düsteres Gesicht. Aus und vorbei, sagte er. Das war einmal. Heute ziehen die Leute doch höchstens ein Schlabberhemd an. Oder ihre Gammelhosen. Oder ihre Freizeitlatschen. Mir zuliebe tun die doch gar nichts mehr. Nein, nein, mit mir ist es aus und vorbei. Ich bin altmodisch. Mich braucht keiner mehr.

Aber der Sonntagsbraten, gab Herr Kapek zu bedenken.

Viel zu viel Arbeit, sagte der Sonntag und winkte ab. Die Leute holen sich doch einfach eine Pizza oder eine Currywurst mit Pommes und Mayonnaise. Nein, nein, ein Sonntag hat heutzutage nichts mehr zu sagen und bedeutet den Leuten nichts mehr.

Sagen Sie das nicht, wehrte Herr Kapek ab.

Doch, doch, sagte der Sonntag. Wer heute ein guter Tag sein möchte, müsste ein Wochentag sein. Ich wäre gern ein Dienstag, sagte der Sonntag.

Na, dann kommen Sie mal mit, sagte Herr Kapek und nahm den Sonntag an die Hand.

Guten Tag, Frau Jeschke, sagte Herr Kapek, nachdem er und der Sonntag das große Kaufhaus betreten hatten. Wie geht es denn?

Bescheiden, sagte Frau Jeschke, bescheiden. Die Woche hat kaum angefangen und ich wünschte, sie wäre schon herum. Meine Beine, Herr Kapek, meine Beine machen nicht mehr so recht mit. Ach, wenn es doch schon Sonntag wäre!

Hörst du, sagte Herr Kapek und zog den Sonntag mit sich.

Hm, machte der Sonntag.

Hallo Max, sagte Herr Kapek zu einem Jungen, der vorbeikam. Wie geht es dir?

Ich kann es kaum erwarten, antwortete der kleine Max und hüpfte von einem Bein auf das andere.

Was kannst du nicht erwarten?, fragte Herr Kapek.

Bis es Sonntag wird, sagte der Junge. Dann mache ich nämlich mit meinem Vater eine Fahrradtour und danach gehen wir ins Kino. Toll, was?

Toll, sagte Herr Kapek und zum Sonntag sagte er: Hörst du?

Der Sonntag machte: Hm, hm.

Hallo, Rita, begrüßte Herr Kapek ein Mädchen, gehst du wieder zum Schwimmen?

Ja klar, Herr Kapek, sagte das Mädchen. Ich muss doch üben. Am Sonntag kommt es doch darauf an. Am Sonntag ist es am wichtigsten. Am Sonntag ist Schwimmwettkampf. Drücken Sie mir die Daumen?

Aber ja, sagte Herr Kapek und zum Sonntag sagte er: Hörst du?

Hm, hm, hm, machte der Sonntag und war ganz gerührt.

Na also, sagte Herr Kapek und schüttelte dem Sonntag die Hand. Bis nächsten Sonntag!

Bis nächsten Sonntag, rief der Sonntag und: Danke! Und machte sich davon.

PETER MAIWALD

Der Drachen im Baum

Prr Prr flattert er
Mal grün mal gelb
Will er nun sagen, seht nicht mehr zu mir herauf
Mal grün mal gelb
Der Drachen im Baum

Er schaukelt uns hin und her
Ganz zärtlich
Er schaukelt in uns hin und her
Ganz zärtlich
Der Drachen im Baum

FAZIL HÜSNÜ DAĞLARCA
Aus dem Türkischen von Yüsel Pazarkaya

Nur ein bisschen krank

Wenn ich nur ein bisschen krank wäre,
würde ich im Bett liegen,
auf dem Nachttisch Preiselbeersaft,
ich könnte ein spannendes Buch lesen
und brauchte mich um nichts kümmern,
ab und zu würde ich eindösen
ab und zu schläfrig lauschen
wie der Schnee fällt,
langsam, draußen.

BO CARPELAN
Aus dem Finnischen von Marjaleena Lembcke

Ein Samenkorn ging auf Reisen...

Ein Samenkorn ging auf Reisen,
ganz allein, um die Welt zu sehen.
Es sah sich die Menschen an und die Dinge.
Eines Tages fand es
ein kleines Tal, das ihm gefiel,
und ein paar behagliche Hütten.
Es legte sich ins Gras
neben einen Brunnen
und schlief ein.
Während es träumte,
wurde es zu einem dünnen Zweig
und der dünne Zweig wuchs
und bekam Knospen.
Die Knospen wurden zu Ästen.
Siehst du den mächtigen Baum?
Es ist das Samenkorn,
so schön, so majestätisch:
– Ja, aber der Baum
kann nicht auf Reisen gehen.

ALAIN BOSQUET
Aus dem Französischen von Sabine von Bülow

Herbst

Wenn unter der Decke
aus leichten Blättern
die Erde zu schlafen beginnt,
wenn die Vögel
nicht mehr singen,
wenn hier und da
Regenschirme aufspringen,
wenn man jemanden
husten hört,
wenn ein Kind
Schüler wird:
dann ist Herbst.

ROBERTO PIUMINI
*Aus dem Italienischen
von Hedwig von Bülow*

Das Schaukellied

Fichten schaukeln,
Linden schaukeln
Sanft im Winde hin und her.

Lerchen schaukeln,
Möwen schaukeln,
Wolken schaukeln, groß und schwer.

Züge schaukeln,
Masten schaukeln,
Schiffe schaukeln auf dem Meer.

Du musst schaukeln,
Ich muss schaukeln.
Alles schaukelt hin und her.

LENNART HELLSING
Aus dem Schwedischen von James Krüss

Na, so was!

»Aber nur ganz kurz!«, sagt Papa, steht von seinem Computertisch auf und geht mit Tommi in den Flur um zu kontrollieren, dass er auch wirklich die warme Jacke und die Winterstiefel anzieht. »Vorgestern lagst du noch im Bett, und in den Kindergarten gehst du erst am Montag. Ich will nicht, dass Mama nachher mit uns schimpft!«

»Wird sie schon nicht, Papa«, sagt Tommi, zieht die Jacke und die Mütze an und schlüpft hastig in die Stiefel. Sogar den dicken wollenen Schal wickelt er sich um den Hals.

Was für ein Glück, dass er wieder gesund ist! Gerade rechtzeitig, jetzt, wo es überall so schön weihnachtlich ist. Auch die Fenster im Hof sind mit Lichterketten und Sternen geschmückt und eins sogar mit einem goldenen Elch.

Und es schneit, das erste Mal!

»Aber nicht zu den Müllcontainern gehen, da ist immer so viel Dreck!«, ruft Papa ihm noch nach, aber da ist Tommi schon aus der Wohnung. Unten im Treppenhaus muss er sich mit ganzer Kraft gegen die Hoftür stemmen, die geht immer so schwer auf … uff, geschafft.

Tommi schaut sich im Hof um.

Auf dem Boden liegt bereits eine dünne Schneeschicht, durch die Luft wirbeln tausende Schneeflocken. Herrlich! Weihnachten und der erste Schnee – gibt es auf der Welt überhaupt was Schöneres? Tommi kann das kaum glauben. Er beugt den Kopf nach hinten und macht den Mund weit auf um eine Schneeflocke zu fangen. Er ist ein guter Schneeflockenfänger! Weich und federleicht landen die Schneeflocken auf seiner Zunge und schmelzen sofort weg. Tommi will gerade die nächste fangen, da bleibt er plötzlich stehen. Er starrt in die Hofecke. Dort, bei den Müllcontainern, steht einer.

Ein bärtiger Mann in langem braunem Mantel, schwarzen Stiefeln, dicker Pudelmütze und mit einer Angel in der Hand.

Ein Angler! Na, so was.

Mit Angeln kennt Tommi sich aus, Papa hat auch eine. Im Sommer, in Däne-mark, haben sie an einem Forellenteich geangelt. Stundenlang saßen sie da, zusammen mit anderen Anglern, und fingen nichts. Bloß Enten tummelten sich am Ufer herum. Leider hatten Tommi und Papa nichts zum Füttern dabeigehabt, gar nichts.

Aber was macht der fremde Angler hier?

Er angelt ja wirklich – im Müllcontainer!

Tommi zögert einen Augenblick. Zu den Müllcontainern soll er nicht gehen, hat Papa gesagt. Aber nun muss er doch hin. Nur um zu schauen, was der fremde Angler da macht.

Langsam kommt Tommi näher. Angeln im Müllcontainer, das geht doch nicht. Im Müllcontainer gibt's kein Wasser. Nie und nimmer. Und Fische schon gar nicht. Angeln tut man am Teich. Oder am Fluss. Und der Fremde da ... der angelt ja Mülltüten!

Gerade hat er eine aus dem Container herausgefischt, macht sie von dem Haken los, öffnet sie und wühlt darin. Igitt!

Tommi rümpft die Nase. Er starrt auf den Mann, der jetzt aus der Mülltüte ein großes Stück Weihnachtsstollen geholt hat. Er bückt sich ... und da sieht Tommi den großen Plastiksack. Der Mann hat eine Zeitung herausgeholt und packt den Weihnachtsstollen darin ein. Und dabei bemerkt er Tommi.

Er sieht nicht aus, als ob er sich freuen würde.

»He«, sagt er mit heiserer Stimme und steckt das Stollenpaket schnell in den Plastiksack. »Was ist?«

Tommi starrt auf sein verknittertes Gesicht und auf die grauen Haarsträhnen, die unter seiner Strickmütze hervorgucken. Auch auf seinen Pulli, der ziemlich schmutzig ist. Um den Hals trägt der Mann eine lederne Kette mit einem klei-nen Hufeisen dran, das findet Tommi wiederum gut.

»Papa hat auch eine Angel«, sagt er. Dass die viel schöner und größer ist, er-zählt er nicht. Man soll nicht mit besseren Sachen angeben, sagen sie immer im Kindergarten.

»Ah ja?«, krächzt der Fremde und schaut sich unruhig um. »Und wo ist er?«

»Zu Hause«, sagt Tommi. Eine Weile bleibt es still. Dann zeigt Tommi auf den Plastiksack und fragt:

»Ist das ... für die Enten?«

»He?« Einen Augenblick starrt der Mann Tommi verwirrt an, gleich darauf schlägt er sich an die Stirn.

»Ach, der Stollen!«, krächzt er. »Na klar! Sicher! Was hast du denn gedacht?«

»Wir haben auch geangelt, in Dänemark«, erzählt Tommi. »Für die Enten hatten wir aber nichts dabei, leider.«

»Nein?«, krächzt der Fremde. »Na, das war aber ein Fehler! Da muss man dran denken! Es sind doch unsre Dingsda … Mitgeschöpfe, nicht?«

»Ja«, sagt Tommi.

Jetzt traut er sich schon näher. Wenn zwei Angler sich treffen, haben sie sich immer was zu erzählen.

»Forellenteiche sind Mist«, erzählt Tommi. »Da fängt man nie was.«

»Forellenteiche …«, murmelt der Angler und wühlt dabei noch ein bisschen in der Mülltüte herum. »Ja ja … da haste Recht.«

Die Mülltüte ist gerissen, Sachen fallen raus, Joghurtbecher, leere Milchtüten, abgenagte Knochen … die findet Tommi ganz schön eklig. Auch den gelblichen Batzen Kartoffelbrei, an dem ein Socken klebt. Die halb volle Tüte Tiefkühlpommes kann man aber als Entenfutter gut gebrauchen!

Eifrig springt Tommi zu dem Plastiksack und hält ihn mit beiden Händen offen, damit der Mann die Pommes hineinstecken kann. Der guckt zwar erst ein bisschen verdutzt, aber dann packt er die Pommes ein.

»Die wollen schließlich auch was von Weihnachten haben, die Flattermänner, nicht?«

Tommi nickt begeistert. Er hält den Sack weiter offen, und wie er dabei hineinschaut, sieht er darin auch ein Paar alte Turnschuhe. Der Mann hat noch ein Stück Fladenbrot und zwei angefaulte Äpfel aus der Mülltüte geholt und packt sie ein. Dabei baumelt ihm die Lederkette an der Brust. Tommi würde gerne mal das Hufeisen anfassen, aber das traut er sich nicht. Er schaut auf den dicken, schmutzigen Pulli und den langen, fleckigen Mantel. Na klar, wenn man stundenlang am Wasser hockt und Enten füttert, da macht man sich ja dreckig.

Jetzt ist der Sack schon halb voll!

»Ist das alles für die Enten?«, wundert sich Tommi.

Der Angler macht ein nachdenkliches Gesicht.

»Ja … sicher! Für Enten, Kaninchen, Schweine … alle kriegen was ab! Die sollen es gut haben, die Viecher! Bald ist doch Weihnachten, oder?«

Tommi nickt. Was für ein netter Angler! Der denkt nicht nur an die Enten, sondern auch an andere Tiere. Auch Kaninchen und Schweine kriegen von ihm was zu Weihnachten. Die Schweine … Tommi stutzt.

Gibt's denn Schweine am Teich? Oder am Fluss?

Er mustert den bärtigen Mann, seinen langen Mantel, der an den Schultern bereits mit Schnee bedeckt ist, seine Mütze, die eine hübsche Schneekrone bekommen hat, die ausgelatschten Stiefel … und da fällt es ihm plötzlich ein.

Ob das ein Weihnachtsmann ist? Nicht etwa der Kinderweihnachtsmann, der sieht natürlich viel schöner aus, mit einem roten Mantel und richtiger Pelzmütze und nicht so dreckig. Aber ein Tierweihnachtsmann?

Vielleicht gibt es den auch! Davon haben Mama und Papa Tommi nichts erzählt, aber die tun sowieso immer so furchtbar geheimnisvoll mit den Weihnachtsmännern …

»He? Ist was?«, krächzt der Mann, schaut sich wieder um und schnürt seinen Plastiksack zu.

»Bist du ein … Tierweihnachtsmann?«, flüstert Tommi.

Der Mann starrt ihn verblüfft an. Er überlegt kurz, dann hockt er sich neben Tommi, fasst ihn an der Jacke und flüstert:

»Erraten! Schlaues Bürschchen!«

Tommi ist so aufgeregt, dass er kaum sprechen kann.

»Bringst du denn überall … allen Tieren was?«

»Na klar, Mann! Was hast du denn gedacht?«

»Auch den Pelikanen?«, fragt Tommi. Pelikane sind lustige Vögel mit riesengroßen Schnäbeln, im Kindergarten haben sie ein Bilderbuch, da drin sind sie abgebildet.

»Na logisch! Keiner soll zu kurz kommen!«, nickt der Tierweihnachtsmann. Er packt Tommi an den Schultern und sagt streng: »Aber das musst du für dich behalten, kapiert?«

Tommi nickt eifrig. Er kann es kaum fassen. Dass er auch wirklich und wahrhaftig einem Tierweihnachtsmann begegnet ist! Der wirft jetzt alles Unbrauchbare zurück in den Container, bloß die Socke mit dem Kartoffelbrei behält er und schabt den Brei ab. Die zweite hat er nämlich auch gefunden.

»Was soll man dazu sagen?«, murmelt er vor sich hin. »Zwei einwandfreie Socken, die schmeißt man doch nicht einfach weg …«

Tommi schaut überrascht auf, doch gleich fällt es ihm ein: Na klar, bei der Kälte, da muss der Weihnachtsmann ja viele Socken vorrätig haben! Deswegen auch die Ersatzschuhe im Sack! Er will ihn noch fragen, ob er auch einen Schlitten hat, so wie der andere, der Kinderweihnachtsmann … doch da hört er plötzlich Papas Stimme.

»Tommi! Was ist los?«, ruft er von der Hoftür.

»Wir angeln, Papa!«, ruft Tommi. »Ich und der …«

Gleich schlägt er sich erschrocken die Hand vor den Mund und dreht sich zu dem Weihnachtsmann um.

Der hat es jetzt ganz eilig. »Also dann!«, murmelt er und schnappt sich die Angel. »Und schöne Bescherung auch!« Schon geht er mit schnellen Schritten zum Hofausgang. An Papa vorbei, der entsetzt auf seinen Plastiksack schaut, den der Mann hinter sich herzerrt.

»Tschüss!«, ruft Tommi noch dem Tierweihnachtsmann zu, und der hebt, bevor er auf der Straße verschwindet, den Arm. Aber nur so halb, denn darunter hat er sich ja die Angelrute geklemmt.

Dann ist er weg.

»Du meine Güte«, sagt Papa, als Tommi zu ihm gerannt kommt, und nimmt ihn an die Hand. »Komm, es ist kalt, du hast schon wieder die Zeit vergessen. Und jetzt hast du was Trauriges gesehen …«

»Traurig? Gar nicht!«, ruft Tommi begeistert. »Das war doch …« Gleich presst er aber die Lippen zusammen. Schon wieder hätte er es fast verraten! Darf er es denn Papa sagen? Das muss Tommi sich erst überlegen. Vielleicht sagt er es ihm, später, zu Hause. Und Mama auch. Aber dann müssen sie schwören, es niemandem zu verraten. Niemandem auf der ganzen Welt!

EVA POLAK

Schneeflocke

Komm, kleine weiße Schneeflocke,
und leg dich auf mein Haar.
Erzähl von allen Sternen
und allen Ländern fern und nah.

Komm, kleine weiße Schneeflocke,
und grüße meine Hände.
Erzähl mir, woher du kommst
und wo deine Reise endet.

Kommt, alle weißen Schneeflocken,
kommt alle dicht heran,
sodass ich meinem Bruder
einen Schneeball
in den Nacken werfen kann.

HALFDAN RASMUSSEN
Aus dem Dänischen von Hedwig von Bülow

Das Gespenst unter dem Stuhl

Es dunkelt bereits, doch das kleine Mädchen ist immer noch allein im Zimmer. Mit angezogenen Beinen sitzt es in einem großen Lehnstuhl und wagt nicht, sich zu rühren. Es ist ihm unheimlich, dass es dunkel wird, dass die Mutter nicht wiederkommt und dass unter dem Stuhl bestimmt etwas sitzt und darauf lauert, sie zu fassen.

Bald ist es hier so dunkel wie im Keller, denkt das Mädchen, was tue ich dann? Das Vernünftigste wäre natürlich, Licht im Zimmer zu machen. Aber dazu muss man vom Lehnstuhl steigen, bis zur Tür gehen und auf den Schalter drücken. Auf keinen Fall!, sagt sich das Mädchen und schüttelt sich. Wenn ich die Füße auf den Boden stelle, greift mich das Gespenst und schleppt mich fort.

Der einzige Trost: Neben dem Stuhl steht das weiße Telefon.

Ich wähle einfach ein paar Ziffern, denkt das Mädchen. Irgendwer wird sich schon melden, und ich bin nicht mehr allein.

Das tut sie dann auch.

»Hallo!«, ruft die Stimme einer unbekannten Frau.

»Guten Tag, Verzeihung,

guten Abend«, grüßt das Mädchen sehr höflich. »Wie geht es Ihnen? Was gibt es Neues?«

»Vielen Dank, mir geht es einigermaßen, es gibt nichts Neues«, erwidert die unbekannte Frau.

»Was passiert so in der weiten Welt?«, fragt das einsame Mädchen weiter.

»In der Welt ist es unruhig«, sagt die unbekannte Frau. »In der Welt ist es niemals ruhig. Aber mit wem habe ich die Ehre?«

»Ich … ich sitze im dunklen Zimmer … und meine Mutter kommt nicht nach Haus«, flüstert das einsame Mädchen.

»Ach so.« Die unbekannte Frau begreift. »Ja, du tust mir sehr Leid. Ausgerechnet jetzt bin ich beim Möhrenputzen. Ruf mich ein wenig später an, dann unterhalten wir uns über die ganze Welt, einverstanden?«

»Verzeihung«, sagt das einsame Mädchen und wird rot. »Auf Wiederhören.«

»Auf Wiederhören.«

Das Mädchen legt den Hörer auf und kauert sich im großen Lehnstuhl zusammen.

Lange blickt sie das Telefon an, bis sie sich wieder entschließt anzurufen.

»Ja, bitte?«, dröhnt eine tiefe Männerstimme.

»Guten Abend«, sagt das Mädchen und erkundigt sich zaghaft: »Putzen Sie jetzt immer noch Möhren?«

»Ich? Möhren putzen? Ho, ho, ho!«, lacht laut der Mann. »Warum soll ich denn Möhren putzen?«

Das Mädchen weiß nicht, wie sie es ihm erklären soll.

»Was gibt es Neues? Wie ist Ihre Gesundheit?«, fragt sie höflich. »Was passiert so in der weiten Welt?«

»Was in der weiten Welt passiert? Ho, ho, ho! Ach du lieber Gott, ich sterbe vor Lachen! Sag mal, wer bist du und woher rufst du an?«

»Aus dem dunklen Zimmer«, erklärt das Mädchen kleinlaut.

»Was? Aus dem dunklen Zimmer? Du machst wohl Witze?!« In der Hörmuschel dröhnen so laute Lachsalven, dass das Mädchen den Höhrer sinken lässt und auf den Stuhl legt. Aber auch von da hört sie das donnernde Lachen des Mannes.

»Hallo!«, ruft er, nachdem er sich beruhigt hat. »Hallo! Melde dich!«

Das Mädchen aber schüttelt den Kopf und legt den Hörer zurück auf die Gabel. Im Zimmer ist es bereits ganz finster, und das Mädchen glaubt unter dem Stuhl etwas rascheln zu hören. Mit bebenden Fingern dreht sie ein drittes Mal an der Scheibe.

»Hallo, hallo, bist du das, Arvydas?«, ruft fröhlich eine Jungenstimme.

»Nein«, erwidert das Mädchen und seufzt kläglich. »Hier ist nicht Arvydas, hier bin nur ich.«

»Du? Wer bist du?«, fragt der Junge unwirsch.

»Ich bin ganz allein im dunklen Zimmer und habe große Angst«, gesteht das Mädchen.

»Alles klar«, erwidert der Junge mit Kennerstimme. »Unter deinem Stuhl liegt zusammengeringelt ein Ungeheuer und will dich am Bein packen.«

»Woher weißt du das?«, fragt das Mädchen erstaunt.

»Wieso nicht! Es war auch unter meinem Bett, als Mama und Papa ins Theater gegangen sind.«

»Aber es hat dir doch nichts getan?«

»Wenn es nichts tun würde, brauchte es nicht unter Betten zu kriechen! Damals hat es mir den halben Zeh abgebissen.«

»O weh!« Dem Mädchen sträuben sich die Haare, sie ist den Tränen nahe. »Du jagst mir wohl absichtlich Angst ein?«

»Leise!«, warnt der Junge. »Das Ungeheuer hat große Ohren. Hast du es mal gesehen?«

»Nein.«

»Als es mir den halben Zeh abbiss, hab ich es mir gut angeguckt. Es ist zottig wie ein Bär, hat zwanzig Rachen und in jedem einen Zahn. Aber was für einen!«

»Was denn für einen?« Das Mädchen schließt die Augen.

»So einen … so einen … Reißzahn, wie ein Tiger. Weißt du was«, sagt plötzlich der Junge, »vielleicht liegt unter deinem Stuhl gar kein Ungeheuer. Bück dich vorsichtig und schau nach.«

Das Mädchen bückt sich und blickt ängstlich unter den Lehnstuhl.

»Ja«, flüstert sie in die Sprechmuschel, »da ist etwas Schwarzes.«

»Alles klar!«, ruft der Junge. »Unter deinem Stuhl liegt ein Räuber im schwarzen Umhang, mit einem Messer im Mund.«

»Warum jagst du mir Angst ein?«, fragt das Mädchen und bricht in Tränen aus.

»Du jagst sie dir selber ein!«, entgegnet der Junge. »Ich will dich doch nur warnen, ich helfe dir, und du ...«

Das Mädchen kann den Hörer kaum halten, ihr zittert die Hand, und ihr Gesicht ist kreideweiß. »Bitte, hilf mir«, sagt sie. »Was soll ich machen?«

»Gut«, sagt der Junge. »Hör zu. Du rufst sofort die Miliz an – 02 – und meldest den Räuber. Dann rufst du mich wieder an, unbedingt, und erzählst mir, was passiert ist. Meine Telefonnummer lautet 66 66 67. Kannst du sie behalten?«

»Ja«, verspricht das Mädchen.

»Beeil dich«, warnt der Junge, »gleich schneidet der Räuber die Leitung durch.«

Das Mädchen legt den Hörer auf, nimmt ihn wieder ab und wählt die Nummer 02.

»Hier ist die Miliz!«

»Guten Abend«, flüstert das einsame Mädchen. »Kommt mir zu Hilfe. Unter meinem Stuhl hockt ein Räuber.«

»Was sagst du?«, fragt der Milizionär erstaunt und schnalzt mit der Zunge.

»Bitte leiser«, warnt das Mädchen, »der Räuber hat große Ohren.«

»Gut«, erwidert der Milizionär mit gedämpfter Stimme. »Und woher weißt du, dass dort ein Räuber hockt?«

»Ein Junge hat es mir gesagt. Der Bandit hat ihm einen halben Zeh abgebissen. Der Junge hat mir auch gesagt, ich soll die Miliz anrufen.«

»Ein feiner Junge! Und wie schlau! Wir müssen uns unbedingt bei ihm bedanken. Wo finden wir ihn?«

»Er hat Telefon. Seine Nummer lautet 66 66 67.«

»Gut, wir werden ihn anrufen und uns gebührend bei ihm bedanken. Und du brauchst keine Angst mehr zu haben, wir haben den Räuber schon geschnappt.«

»Danke, vielen Dank!« Das Mädchen strahlt.

Jetzt fällt ihr ein, dass sie den Jungen anrufen und ihm alles erzählen soll.

»Die Miliz hat sich deine Telefonnummer soeben aufgeschrieben und gesagt, sie will dich anrufen und sich gebührend bei dir bedanken.«

Im Hörer ist es still.

»Ooo …«, ruft der Junge. »Was hast du getan, dumme Trine! Du hast mich verpetzt! Dass dich der Blitz …«

Und in der Tat – im Zimmer blitzt es plötzlich auf. Das Licht ist angegangen. In der offenen Tür steht die Mutter.

»Ich hab mich so beeilt«, sagt sie zu dem einsamen Mädchen, das jetzt nicht mehr einsam ist. »Hast du im Dunkeln keine Angst gehabt?«

»Doch, und wie, aber ein Junge hat mich gerettet.«

»Was für ein guter Junge. Hast du dich bei ihm bedankt?«

»Ja«, erwidert das Mädchen, »das hab ich getan. Und die Miliz will sich auch noch gebührend bei ihm bedanken.«

VYTAUTĖ ŽILINSKAITĖ
Aus dem Litauischen von Irene Brewing

Für mich gehörst du zu den Riesen.
Du hast auf jeden Fall bewiesen,
dass du die längsten Arme hast.
Du hast die Sterne angefasst.

FRANTZ WITTKAMP

Doucement

Doucement, doucement,
doucement s'en va le jour.
Doucement, doucement
à pas de velours.
La reinette dit
sa chanson de nuit
et la lièvre fuit
sans bruit.

Doucement, doucement,
doucement s'en va le jour.
Doucement, doucement
à pas de velours.
Dans le creux des nids
les oiseaux blottis
se sont endormis.
Bonne nuit.

Sachte, sachte,
sachte schwindet der Tag.
Sachte, sachte
auf leisen Sohlen.
Der Laubfrosch singt
sein Abendlied
und der Hase springt
lautlos davon.

Sachte, sachte,
sachte schwindet der Tag.
Sachte, sachte
auf leisen Sohlen.
Im warmen Nest
kauern die Vögel
schon tief im Schlaf.
Gute Nacht.

Aus dem Französischen von Erika Tophoven

Good night

Good night
sleep tight,
wake up bright
in the morning light,
to do what's right
with all your might.

Gute Nacht,
schlaf schön ein,
wach fröhlich auf
im Morgenschein
und tu, was recht ist,
mit aller Kraft.

Aus dem Englischen von Erika Tophoven

Autoren- und Quellenverzeichnis

Alain Bosquet (S. 126)
1919–1998, Frankreich (eig. Anatole Bisk), geb. in Odessa. Französischer Lyriker, Romancier und Übersetzer. *Ein Samenkorn ging auf Reisen* (»Une graine voyageait«): aus »Le cheval applaudit«, © Les Editions de l'atelier / Les Editions Ouvrières, Paris. Aus dem Französischen von Sabine von Bülow.

Georg Bydlinski (S. 85, 95)
geb. 1956 in Graz/Österreich, schreibt Poesie und Prosa, zahlreiche Auszeichnungen, u.a. Österreichischer Staatspreis für Kinderlyrik 2001. Die hier abgedruckte Strophe wurde dem Gedicht »Versöhnung« entnommen, aus: »Wasserhahn und Wasserhenne«, © 2002 Dachs Verlag.

Bo Carpelan (S. 125)
Geb. 1926 in Helsinki (Finnlandschwede), einer der angesehensten finnischen Schriftsteller der Gegenwart, Philosoph, Übersetzer und Librettist. Zahlreiche Auszeichnungen, u.a. den Literaturpreis des Nordischen Rats, Prix Italia. *Nur ein bisschen krank* (»Vain vähän sairas«): aus »Poesi-Poesa«, © Bonniers Juniorförlag, Stockholm. Aus dem Finnischen von Marjaleena Lembcke.

Branko Copič (S. 39)
geb. 1915 in Hasani/Serbien. *Der dreistöckige Kranke*: aus »Seifenblasen zu verkaufen«, hg. und aus dem Serbischen übersetzt von James Krüss. © James Krüss Erbengemeinschaft, Uetersen.

Fazil Hüsnü Dağlarca (S. 125)
geb. 1914 in Istanbul / Türkei. Nach 15 Jahren Militärdienst in abgelegenen Regionen Anatoliens lebt er seit 1970 als freier Schriftsteller. *Der Drache im Baum*. Gedicht entnommen aus dem gleichnamigen Buch, hg. und aus dem Türkischen übersetzt von Yüksel Pazarkaya. © Yüksel Pazarkaya.

Łukasz Dębski (S. 120)
geb. 1975 in Olkusz / Polen. Journalist, Chefredakteur und Herausgeber einer bekannten Kinderzeitschrift, lebt in Krakau. *Das Huhn* (»Kura«). © Łukasz Dębski. Aus dem Polnischen von Joanna Manc.

Martin Ebbertz (S. 103)
geb. 1962 in Aachen, Schriftsteller und Rundfunkautor, lebt im Rheinland. Sein erstes Kinderbuch, »Der kleine Herr Jaromir«, erschien 1992 bei Patmos.

Monika Feth (S. 49)
geb. 1951 in Hagen, Autorin, Übersetzerin und Journalistin, schreibt für Kinder, Jugendliche und Erwachsene, zahlreiche Auszeichnungen. Einige ihrer Bücher wurden bereits verfilmt.

Karl-Hans Frank (S. 92, 93)
geb. 1937 in Düsseldorf, übersetzt und schreibt Lyrik, Bücher für Kinder und Erwachsene, Hörspiele und Drehbücher. Etliche Auszeichnungen, Mitglied des P.E.N.

Gloria Fuertes (S. 59)
1917–1998, Spanien, lebte und arbeitete in Madrid, ist eine der angesehensten spanischen Lyrikerinnen der Gegenwart. *Der Frosch und die Kröte* (»El sapo y la rana«): © Luzmaría Jiménez Faro, Heiress to Gloria Fuertes, Madrid. Aus dem Spanischen von Paula Peretti.

Hans Gärtner (S. 32)
geb. 1939 in Reichenberg / Böhmen; Universitätsprofessor, Autor, Herausgeber und Rezensent, lebt in Oberbayern.

José Agustín Goytisolo (S. 94)
geb. 1928 in Barcelona, lebt und arbeitet dort. *Der gute Wolf* (»Lobito bueno«): entnommen aus »Poesía española para niños«, hg. von Ana Pelegrín, © 2002 Santillana. Aus dem Spanischen von Paula Peretti.

Herbert Günther (S. 40)
geb. 1947 in Göttingen, schreibt und übersetzt Prosa und Poesie. Friedrich-Bödecker-Preis 1996.

Wolfram Hänel (S. 17)
geb. 1956 in Fulda, lebt in Hannover und in Kilnarovanagh, Irland; ist u.a. Dramaturg, Spieleerfinder und schreibt Kinder- und Jugendbücher, Theaterstücke und Reiseberichte.

Lennart Hellsing (S. 127)
geb. 1919 in Västanfors / Schweden. Schriftsteller, Lyriker und Übersetzer, erhielt u. a. 1951 den Nils-Holgersson-Preis. *Das Schaukellied.* Aus: »Seifenblasen zu verkaufen«, hg. und aus dem Schwedischen übersetzt von James Krüss. © James Krüss Erbengemeinschaft, Uetersen.

Wim Hofman (S. 43, 67)
Geb. 1941 in Oostkapelle, lebt in Vlissingen / Niederlande. Er schreibt Prosa und Poesie für Kinder und Erwachsene. Illustrator, freischaffender Künstler, Übersetzer. Viele Auszeichnungen, u. a. Niederländischer Staatspreis für Gesamtwerk. *Vis* und *Ziek, niet ziek*: aus Ders. »Mijn buik is van koek«, © 1997 Zwijsen, Tilburg (NL). Aus dem Niederländischen von Hedwig von Bülow.

Rainer Hohberg (S. 109)
geb. 1952 in Eisenach, schreibt Kinderbücher, Hörspiele und Bücher zur Kulturgeschichte Thüringens.

Franz Hohler (S. 98)
geb. 1943 in Biel / Schweiz, Schriftsteller und Kabarettist, zahlreiche Auszeichnungen, so z. B. 1994 den Schweizer Jugendbuchpreis. Er lebt in Zürich.

Sabine Jörg (S. 17)
geb. 1948 in Alsfeld, schreibt Prosa und Poesie für Kinder und Erwachsene und arbeitet für Theater und Hörfunk. Forschungsarbeiten zu Sprach-, Hör- und Wahrnehmungsentwicklung.

Uwe Kant (S. 114)
geb. 1936 in Hamburg. Seit 1967 freiberuflicher Schriftsteller. Lebt in Mecklenburg.

Max Kruse (S. 44)
geb. 1921, Schriftsteller, Hörspielautor und Lyriker. Sein »Urmel aus dem Eis«, ein Kinderbuchklassiker und Star der Augsburger Puppenkiste, wurde in 13 Sprachen übersetzt. Er lebt in Penzberg.

Marjaleena Lembcke-Heiskanen (S. 51)
geb. 1945 in Kokkola / Finnland, schreibt Gedichte, Geschichten und Romane für Kinder und Erwachsene, zahlreiche Auszeichnungen, u. a. 1999 Österreichischer Kinderbuchpreis. Lebt in Greven am Niederrhein.

Anne Maar (S. 28)
geb. 1965, Regisseurin und seit 1992 Kinderbuchautorin. Sie lebt in Unterfranken.

Peter Maiwald (S. 122)
geb. 1946, lebt in Düsseldorf. Lyriker, Musiker und Rezitator, schreibt auch Prosa und Reportagen.

Gudrun Mebs (S. 65)
geb. 1944 in Frankfurt, war Schauspielerin, schreibt seit vielen Jahren Hörspiele, Radiogeschichten und Kinderbücher, so z. B. die Geschichten von »Oma und Frieder«. Sie erhielt bedeutende Auszeichnungen, u. a. Deutscher Jugendliteraturpreis 1984 für »Sonntagskind«; Bundesverdienstkreuz 1998.

Inge Meyer-Dietrich (S. 10, 11)
geb. 1944, lebt in Gelsenkirchen, schreibt Poesie und Prosa für Kinder, Jugendliche und Erwachsene. Sie erhielt u. a. den Gustav-Heinemann-Friedenspreis und den Zürcher Kinderbuchpreis.

Alexander Alan Milne (S. 38, 64)
1882–1956, England, Lyriker und Schriftsteller. *Im Zoo* und *Jonathan Jo*: aus Ders., »Ich und Du, der Bär heißt Pu«. © 1999 Sanssouci in Carl Hanser Verlag, München / Wien. Aus dem Englischen von Christa Schuenke.

Bettina Obrecht (S. 12)
geb. 1964 in Lörrach, hat längere Zeit in Costa Rica gelebt, ist Übersetzerin und schreibt Kinder- und Jugendbücher. Sie lebt mit ihrer Familie in Gießen.

Anna Onichimowska (S. 56)
geb. 1952 in Polen, lebt in Warschau. Präsidentin der polnischen Sektion des IBBY, sie schreibt Kurzgeschichten und Romane für Kinder und Jugendliche. *Der Hund*: aus »Dobry potwór nie jest zly«, © Autorin. Aus dem Polnischen von Joanna Manc.

Robert Piumini (S. 127)
geb. 1947 in Brescia / Italien, gilt als der bedeutendste italienische Kinderbuchautor der Gegenwart; schreibt Romane, Erzählungen, Gedichte. *Herbst* (»Autunno«): aus »Poesie Piccole«, © 2001 Arnoldo Mondadori Editore, Mailand. Aus dem Italienischen von Hedwig von Bülow.

Eva Polak (S. 128)
geb. 1948 in Prag, schreibt seit vielen Jahren Hörspiele, Radiogeschichten, Kinderbücher und Drehbücher fürs Fernsehen. Sie lebt in Berlin.

Gudrun Pausewang (S. 48, 54)
geb. in 1928 Wichstadt / Ostböhmen, lebt in Schlitz / Oberhessen. Eine der wichtigsten deutschen Jugendbuchautorinnen der Gegenwart; sie schreibt Romane, Erzählungen, Gedichte und Kinderbücher. Zahlreiche Auszeichnungen, u. a. Gustav-Heinemann-Friedenspreis und Deutscher Jugendliteraturpreis.

Gunter Preuß (S. 108)
geb. 1940 in Leipzig, schreibt seit vielen Jahren Prosa, Theaterstücke, Hörspiele und Poesie für Kinder und Erwachsene. Mitglied des PEN, zahlreiche Auszeichnungen, u. a. Brüder Grimm Preis 1999.

Iva Procházková (S. 76)
geb. 1953 in Olmütz, schreibt Drehbücher, ist eine der bekanntesten tschechischen Kinder- und Jugendbuchautorinnen (die deutschen Ausgaben ihrer Bücher schreibt sie selbst) und war zeitweise auch Fernsehproduzentin. Sie lebt in Prag. Viele Auszeichnungen, u. a. Deutscher Jugendliteraturpreis.

Halfdan Rasmussen (S. 71, 133)
1915–2002, Dänemark. Einer der herausragenden dänischen Lyriker der Gegenwart. *Schneeflocke / Kleiner Maler Immergrün* (»Snefrug / Lille maler Stedsegrøn«): entnommen aus »Børnerim«, Det Schonbergske Vorlag 1964 / 2002, © Iben Nagel Rasmussen. Aus dem Dänischen von Hedwig von Bülow.

Volkmar Röhrig (S. 20)
geb. 1952 in Lützen / Sachsen-Anhalt, schreibt Kinder- und Jugendbücher, Hörspiele und Drehbücher.

Nina Schindler (S. 73)
geb. 1946, lebt in Bremen. Sie schreibt Kinder- und Jugendbücher, ist außerdem Herausgeberin, Kritikerin, Übersetzerin und schreibt für den Hörfunk und für Zeitschriften.

Ramutė Skučaitė (S. 25)
geb. 1931 in Palanga / Litauen, lebt in Vilnius. Sie schreibt Lyrik und Theaterstücke für Kinder und wurde mehrfach ausgezeichnet. © Autorin. Aus dem Litauischen von Markus Roduner.

Frank Stieper (S. 68)
geb. 1961 in Lübeck. Liedermacher, Kinder- und Jugendbuchautor.

Joke van Leeuwen (S. 26)
geb. 1952 in Den Haag / Niederlande, lebt in Antwerpen. Sie ist Illustratorin, Kabarettistin, freischaffende Künstlerin und schreibt Prosa und Poesie für Kinder und Erwachsene. Sie erhielt u. a. den Niederländischen Staatspreis für ihr Gesamtwerk. *Diehier en diedaar*: aus »Twee beleefde dieven«, © 1996 Querido, Amsterdam. Aus dem Niederländischen von Hedwig von Bülow.

Kurt Wasserfall (S. 60)
geb. 1952 in Göttingen, Schauspieler, schreibt Radiogeschichten, Theaterstücke und Erzählungen.

Renate Welsh-Rabady (S. 36)
geb. in Wien, ist eine der bekanntesten österreichischen Schriftstellerinnen und Übersetzerinnen. Sie erhielt u. a. den Großen Preis der Deutschen Akademie für Kinder- und Jugendliteratur 2003 für das Gesamtwerk und mehrfach den Österreichischen Staatspreis. Deutscher Jugendliteraturpreis 1980.

Riet Wille (S. 31)
geb. 1954 in Gent / Belgien. Sie ist Sprachtherapeutin und schreibt Poesie und Erzählungen. *Op schattenjacht* aus: »Tante Nans zat op een gans«, © Autorin. Aus dem Flämischen von Hedwig von Bülow.

Frantz Wittkamp (S. 66, 75, 85, 102, 113, 139)
geb. 1943 in Wittenberg, lebt in Lüdinghausen. Er ist freischaffender Grafiker, Maler und Autor.

Vytautė Žilinskaitė (S. 134)
geb. 1930 in Kaunas / Litauen, schreibt Lyrik und Prosa, IBBY-Preisträgerin 2000. Sie lebt in Vilnius. *Das Gespenst unter dem Stuhl:* © Autorin. Aus dem Litauischen von Irene Brewing.

Englische Kinderreime (S. 75, 141)
Gute Nacht und *Mach einen Pfannkuchen:* Hg. und aus dem Englischen übersetzt von Erika Tophoven. © 1995 Deutscher Taschenbuch Verlag, München.

Französische Kinderreime (S. 140)
Sachte, sachte: Hg. und aus dem Französischen übersetzt von Erika Tophoven. © 1995 Deutscher Taschenbuch Verlag, München.